国家社科基金项目资助

中国对外直接投资的诱发机制研究

T H E　T R I G G E R I N G

M E C H A N I S M　O F

C H I N A ' S

O U T W A R D　F D I

基于汇率和贸易摩擦的视角

Based on the Perspectives
of Exchange Rates and Trade Frictions

孙文莉　著

社会科学文献出版社
SOCIAL SCIENCES ACADEMIC PRESS (CHINA)

摘　要

　　本研究从货币的视角入手，运用动态随机一般均衡分析方法，将汇率、贸易壁垒两个政策性约束与"诱发性"对外直接投资置于一个理论框架，着重考察汇率、贸易摩擦等因素对中国对外直接投资流出的影响效应及传导路径。

　　研究方法和思路如下：首先，在理论框架下，分析货币冲击下汇率、反倾销壁垒对一国企业对外直接投资决策的影响效应和传导机理，并对相关假说、命题进行参数模拟验证；其次，以中国为研究对象，运用相关数据进行实证检验；最后，在理论和实证研究基础上，总结得出货币冲击下汇率、贸易壁垒对一国企业对外直接投资决策的"一般化"传导路径，并运用案例分析和国别比较分析等方法，将中国企业和日本、韩国企业在对外投资的诱发机理、路径选择等方面进行深入地比较剖析，从中寻找出企业对外投资的共性规律和异质性特征，进一步为中国企业"走出去"的模式、路径选择以及对外直接投资管理体制的完善提供参考性政策建议。得出的主要结论如下。

（1）理论分析表明，货币波动性通过"反倾销税渠道"和"汇率、收益与可变成本综合渠道"对企业的对外投资意愿产生影响。在一定条件下，两个渠道效应叠加，本国（外国）货币波动的加剧将会导致本币升值（贬值），反倾销壁垒幅度上升（下降），贸易摩擦加剧（减弱），从而相对增强（削弱）本国企业规避贸易壁垒动机，促进（阻碍）本国企业对外投资的形成。当然，本国货币波动性对企业对外投资意愿的影响结论较为复杂，与消费者器质特征有关。

（2）与理论分析的预期结果大体一致，中国企业对外直接投资行为的背后确实存在一整套的诱发机制和传导路径。研究结果表明，货币通过汇率和反倾销渠道，对中国对外直接投资的行为选择产生影响。其中，汇率渠道的作用尤其重要和显著。反倾销渠道对中国对外直接投资的诱发作用受到出口规模的约束。关税对中国企业对外直接投资的"诱发"效应并不显著，且号性不确定（这与本书理论研究部分给出的预期结论相吻合）。总之，中国对外直接投资在贸易壁垒（如关税和以反倾销为代表的非关税）跨越和非贸易（如汇率）壁垒跨越的动机选择上，后者可能更为重要。

（3）汇率、反倾销作为内生于货币的变量，实证研究中将两者作为解释变量对中国对外直接投资进行回归估计，会存在一定程度的内生性问题。相比而言，货币代替汇率和反倾销作为解释变量进行回归，内生性问题较小，估计结果相对准确、可靠。本国货币波动性增加，将推动中国企业对外投资（弹性为 0.63~0.74）。

（4）中国对外直接投资的出口弹性为 0.66~0.90，融资成本弹性约为 0.53，能源寻求弹性为 0.35~0.38。可见，巩固和扩张国外市场份额、融资成本及能源寻求等因素构成中国企业"走出去"的其他诱因。

（5）针对反倾销壁垒而言，关税率对其的影响作用程度较大，其次是实际汇率，最后是货币层面因素。其中，本国货币波动性对反倾销壁垒有显著影响，传递率为 0.55~0.59，而外国货币波动性对反倾销壁垒的影响作用不大。实证数据似乎并不支持"关税壁垒与反倾销壁垒的相互权衡"观点，相反，两者却表现出较为显著的"互补"关系。另外，实证研究还表明，实际汇率与反倾销壁垒之间存在"协整"关系。本币升值会导致遭受外国的反倾销壁垒幅度上升，贸易摩擦加剧。这一验证结果支持第五章理论分析部分的观点。

（6）案例研究显示，与一般化理论分析结论相吻合，海尔和华为的"走出去"战略确实是在应对全行业各种形式壁垒（包括反倾销、汇率）和不确定性的基础上逐步形成的理性选择。在海外市场进入方式选择方面，海尔遵循"先有市场，再建工厂"的原则，这种做法印证了本书实证研究得出的主要结论：在企业对外投资决策过程中，市场规模是一个重要的控制变量。海尔和华为的案例研究进一步揭示，无论生产转移型投资还是技术获取型投资，在功能上都可以起到跨越贸易壁垒的作用。但是，与前者相比，后者更加立足于长远利益，是治本的策略。

（7）国别比较研究结果表明，尽管所处的国内和国际环境有所不同，各国企业在自身国际化过程中存在一些差异化选择（如区位路径），但总体上仍表现出很多重要的共性规律。而且，这些共性（诸如企业对外直接投资的诱发因素和机制等方面）与理论和实证研究所得的基本结论大体吻合。

【关键词】 货币波动性　汇率　贸易壁垒　对外直接投资

Abstract

From the perspective of money, by introducing dynamic stochastic general equilibrium framework, the study is focused on the effects of exchange rates, trade frictions and other factors on Chinese direct investment outflows.

Specific research methods are as follows: First, the theoretical framework is built for making analysis about the impacts of exchange rates, anti-dumping barriers on firms' foreign direct investment decisions and conduction mechanism, and then parameter simulations have been given for the verification of related hypotheses and propositions. Secondly, an empirical test is made for the hypotheses. Again, based upon the theoretical and empirical research, the generalizing conduction path diagram is obtained for the impact of exchange rates, trade barriers on firms' foreign direct investment decisions. By the channels of case studies and comparative analysis within China, Japan and South

Korea, the common principles and different features could be found out so as to provide policy recommendations for China. The main conclusions are summarized as:

1. Theoretical analysis shows that monetary volatility could have impacts on firms' willingness of foreign investment through the channels of "anti-dumping duties" and "exchange rate". Under certain conditions, with the superposition of the two channels, the rising of domestic (foreign) monetary fluctuations will lead to the intensification of home currency appreciation (depreciation), trade frictions strengthened (weakened) and relative enhancing (weakening) domestic enterprises to avoid trade barriers, and furthermore, promoting (hindering) the formation of domestic firms to invest overseas. Certainly, the effect of domestic monetary volatility on the firms' willingness to invest overseas is more complex, depending on consumer's features.

2. Consistent with the expected theoretical results, foreign direct investment behavior in China does exist a set of induced mechanisms and pathways. The empirical results show that by the channels of exchange rate and anti-dumping duties, monetary volatilities have some influences on China's foreign direct investment. Among them, the role of exchange rate is particularly important and significant. the effect of anti-dumping barriers on Chinese direct investment is depending on export scale. The "induced" effect of tariffs on Chinese direct

investment is not significant with the sign uncertainty. In short, with comparison of FDI jumping motives between trade barriers and exchange rate barriers, the latter may be more important.

3. As endogenous variables from money, exchange rate and anti-dumping duties in empirical test will lead to a certain degree of endogeneity problem. In contrast, if monetary volatilities as explanatory variables for regression, the estimate results should be relatively accurate and reliable. The elasticity for China's monetary volatility to foreign investments is nearly 0. 63 – 0. 74.

4. The elasticity for China's exports, financing cost and energy-seeking to foreign investments is roughly 0. 66 – 0. 90 , 0. 53 and 0. 35 – 0. 38, respectively. The factors such as exports, financing costs and energy seeking have some impacts on Chinese foreign direct investment.

5. Aiming for anti-dumping barriers, tariff rates seem to have greater degree of influences on them, followed by real exchange rate, and then money factors. Domestic monetary volatilities have significant effects on anti-dumping barriers, with the elasticity of 0. 55 – 0. 59, while foreign monetary volatilities have little effects. Empirical test does not support the view that "tariff barriers and anti-dumping duties have the relation of trade-off" . On the contrary, they show a more significant relationship of "complementary" . In addition, empirical studies also show that real exchange rate and anti-dumping barriers are " co-

integration". Home currency appreciation would lead to the enhancement of trade frictions, which supports the theoretical hypotheses.

6. Case studies show that Haier and Huawei's "going out" strategies really coincide with the theoretical analysis and general conclusions. In the overseas market entry mode selection, Haier follow the principle of "first to obtain market, then to build factories". This approach supports the conclusion in empirical study in the decision-making process of foreign investment, the size of market share is an important control variable. Haier and Huawei case study further revealed that, regardless of types of FDI, production-orientation or technology-acquisition investments can play the role of jumping trade barriers in function. However, compared with the former, the latter is more based on the long-term interests. Therefore, it is a fundamental strategy.

7. Country Comparative Study results show that in spite of different environment in the process of internationalization, there exist some important common principles in the selections (such as foreign investment inducing factors and mechanisms, etc.) , which are basically consistent with the theoretical conclusions and empirical tests.

Keywords: Monetary Volatility; Exchange Rate; Antidumping; Outward FDI

目　录

图表目录

第一章　导言

一　问题的提出：理论与现实意义

近年来，我国对外直接投资总量规模呈现快速增长。根据《2013 年度中国对外直接投资统计公报》，2013 年，我国全年对外直接投资净额（流量）达 1078.4 亿美元。截至 2013 年底，我国 1.53 万家境内投资者在国外设立对外直接投资企业 2.54 万家，分布于全球 184 个国家（地区），对外直接投资（OFDI）存量已达到 6604.8 亿美元。再据联合国贸发会议（UNCTAD）《2015 年世界投资报告》，2014 年全球范围内外国直接投资流出量为 1.35 万亿美元，年末存量为 25.87 万亿美元。以此计算，2014 年中国对外直接投资流出量分别占全球 OFDI 的流量、存量的 8.6% 和 2.8%，流量、存量分别位居全球国家（地区）排名的第 3 位和第 7 位，位居发展中国家首位。

与此同时，围绕我国的汇率冲突、贸易摩擦不断激化、升级。自 2008 年次贷危机以来，美国政府曾多次在公开场合向我国施压，要求人民币快速升值。实际上，截至 2013 年底，人民币的名义汇率和实际汇率较 2005 年 "汇率制度改革" 以来，累计升值幅度超过 30%。① 同时，根据世界贸易组织统计，我国遭受反倾销调查案件数量占世界的比重呈不断上升趋势。1995~2009 年（以 5 年为间隔），该比重从年均 13.5% 升至 18.1%，后来更是飙升至 34.7%。② 据中国商务部《2014 年国别贸易投资环境报告》，2013 年，我国出口产品共遭遇 92 起贸易救济调查，涉案总金额约 36.6 亿美元，其中，反倾销案件 71 起、反补贴案件 14 起、保障措施案件 7 起，我国输美产品遭遇 "337 调查" 19 起。此外，技术性贸易壁垒、不合理的卫生检疫标准等对我国出口产品的限制增多，对企业利益和产业发展形成制约，我国企业面临的国际贸易和对外投资环境依然严峻。

透过这些纷繁复杂的事实，本书希望梳理、发掘这些现象背后的联系脉络和演变规律。纵观历史，无独有偶，很多国家在各自的历史发展阶段，也几乎同样地相继经历了本币升值、对外贸易摩擦加剧、大举对外投资等一系列事件。日本、德国都是很典型的例子。目前，中国正处于这样的过程

---

① 不过，2015 年受到美联储加息预期可能引发资本外流以及国内经济下行压力的影响，人民币贬值空间加大。

② 笔者根据世界贸易组织网站数据进行计算、整理得到。

之中。

德勤在研究报告《日本企业在美投资——中国可借鉴的经验》中已经开始注意这三个经济行为之间因果关系的解析，并提醒中国企业家尽量避免出现与日本企业同样的错误，做出更明智的选择。历史在提醒人们，这三种经济行为的依次出现可能蕴含某种规律。贸易摩擦和汇率摩擦，作为利益冲突的不同表现形式，这两种诱发因素之间是否存在着某种关联以及转化规律被过去的研究所忽略？贸易摩擦可能升级为新一轮汇率摩擦，而汇率摩擦又可能促使贸易摩擦进一步加剧，两者共同作用于对外投资。它们对直接投资的效应在何种条件下表现为相互抵消或叠加，从而导致结论的多样性？这一点正是本研究欲进行探索性尝试之处。

实际上，理论界以往的大多数研究并没有注意将这三个事件放在一起综合考察，深入挖掘其间完整的逻辑链条。针对汇率冲击、贸易摩擦因素对中国对外直接投资流出影响机制的研究大多是分别展开的。多数研究往往视贸易摩擦、汇率冲击为外生变量，单独考虑某一个因素对直接投资的影响。回到现实世界考证发现：这种做法可能忽略一些重要逻辑联系。其结论所表现出的某种不确定性可能恰恰说明这种研究方法本身存在一定问题。

本书尝试从货币的视角入手，将汇率、贸易壁垒两个政策约束内生化，并将它们与"诱发性"对外直接投资置于同一个理论框架下，揭示其背后的综合传导路径和影响效应。从理论价值来看，这项研究是对现有对外直接投资理论的进一步拓展。从实践意义上看，汇率、贸易摩擦与中国对外直接投资流出之间关系的深入研究，对正确认识和解决"贸易失衡""资本流动失衡"等问题具有参考价值；同时，这项课题的开展对我国企业"走出去"的路径和模式选择具有一定的指导意义，也为我国企业"走出去"战略的科学实施提供新的认知视角。

二 研究思路、方法与结构安排

1. 研究思路及方法

本研究借鉴 Russ[①] 的研究框架，将汇率、贸易壁垒两个政策性约束与"诱发性"对外直接投资置于一个理论框架，着重考察汇率、贸易摩擦等因素对中国对外直接投资流出的影响效应及传导路径。在理论模型的基础上，对所得出的理论假说进行实证检验。同时，运用案例分析和国别比较分析等研究方法，将中国企业和日本、韩国企业在对外投资的诱发机理、路径选择等方面进行深入地比较剖析，从中寻找出企业对外投资的共性规律和异质性特征，进一步为中国企业"走出去"的模式、路径选择以及对外直接投资管理体制的完善提供参考性政策建议。

[①] Russ, K., "The Endogeneity of the Exchange Rate As A Determinant of FDI: A Model of, Entry and Multinational Firms," *Journal of International Economics*, Vol. 71, 2007.

2. 结构安排

除导言外，本研究共包括七个实体章节。其中，第二、三章起到铺垫作用，目的是做好本书后续理论与实证研究的准备性工作，概述中国对外直接投资、汇率、对外贸易等方面的历史沿革和发展现状；第四章对相关领域的以往研究进行文献综述；第五、六章为重点章节，主要是企业对外直接投资一般性诱发机制的理论建模（包括参数模拟），并结合相关数据对中国对外直接投资行为的诱发因素进行实证检验及理论假说的相关验证；第七章为拓展章节，目的是在上述理论与实证研究基础上，总结出汇率、贸易壁垒对一国企业对外直接投资行为决策的一般化传导路径。并在此基础上，结合案例分析与国别比较研究，进一步深入剖析前两章的研究结果在现实世界中的表现与映射；第八章作为结论与建议章节，总结、归纳本书研究得出的主要结论，并对中国未来对外直接投资的发展趋势进行预测，有针对性地为我国对外直接投资管理体制的完善提供政策性建议。具体思路如下。

第二章重点阐释中国对外直接投资的历史沿革、规模特征和结构特征。在第一节，总结分析了发展中国家作为整体所经历的三次对外投资浪潮和各阶段的主要特点，这构成了中国对外直接投资的现实基础和国际背景；在第二节，回顾了我国对外直接投资的历史演变过程和每个阶段的发展特点；在第三节，分析阐释了我国对外直接投资的规模特征和结构特征。

第三章针对中国的人民币汇率制度的演变历程以及贸易

摩擦产生的原因、现状及特点进行回顾和阐述。在人民币汇率制度演变史上，两次"汇改"事件是最重要的转折点和分水岭。在第一节，笔者以分别发生在 1994 年和 2005 年的两次"汇改"为界，将人民币汇率制度改革历程大致划分为三个阶段："1994 年以前的人民币汇率制度"，"1994 ~ 2005 年的人民币汇率制度"及"2005 年以后的人民币汇率制度"，并就每一阶段的改革背景和汇率制度主要特点进行阐述。针对我国对外贸易摩擦的现状，该章在第二节分别考察近年来我国遭受的关税和非关税（特别是反倾销）壁垒方面的现状和特点。

第四章展开汇率、贸易摩擦"诱发"对直接投资机理研究的文献综述。其中，在第一节，主要按照时间顺序考察贸易壁垒对中国对外直接投资行为的影响作用。首先从"规避关税壁垒"的对外投资动机入手，过渡到"化解潜在的贸易保护威胁"的代表性文献。最后将重点落到以反倾销为代表的非关税壁垒跨越行为的研究。在第二节，分两个层次考察汇率因素对中国对外直接投资的影响作用。第一，研究汇率水平对 FDI（对外直接投资）的影响，即货币的升值或贬值对 FDI 的影响。第二，研究汇率波动性及不确定性对 FDI 的影响。在第三节，该章就汇率对贸易摩擦（反倾销）的影响展开文献述评。

第五章运用动态随机一般均衡模型，从货币视角入手，重点考察汇率、贸易壁垒对企业对外投资行为的影响效应及传导机制。在第一节，搭建动态一般均衡分析框架；在第二节，在该框架下，就货币冲击下各种因素对两个投资意愿度的影响效应及传导机制进行讨论；在第三节，给相关参数和初始态赋值，对货币冲击下对外直接投资意愿度的调整路径及效应进行模拟验证。

第六章定量考察货币、关税及非关税壁垒（反倾销）、汇率等因素对中国对外直接投资流出的影响效应，并进一步就"货币—汇率—反倾销—对外投资"一整套传导机制、路径的有效性以及相关理论命题进行细致地验证研究。在第一节，搭建计量模型；在第二节，进行代理变量的选取和数据来源说明；在第三节，给出各变量基本统计性质描述以及相关检验（平稳性检验、异方差检验、序列相关检验、内生性检验等）报告；在第四节，报告实证估计结果，并就第五章理论分析提出的假说（内在传导机制）进行验证。

第七章进一步剖析实证检验的相关结论，并结合第五章分析给出的诱发机理，尝试勾画出汇率、贸易壁垒等因素对企业对外直接投资选择的"一般化"传导路径。在第二节，通过对中国家电龙头企业"海尔集团"和电信行业领军企业"华为技术有限公司"的案例研究，点面结合，对我国企业"走出去"的诱发机理、路径选择、市场进入方式选择等方面进行探讨。在第三节，对中、日、韩三国企业"走出去"的诱发机理、市场进入路径安排等进行国别比较研究，剖析三国企业在对外投资决策中的共性和差异，为中国企业海外投资提供有益的经验和借鉴。

第八章在总结、归纳本书研究的主要结论的基础上对中国未来5~10年对外直接投资的发展趋势进行预测。最后，基于上述理论与实证研究，结合目前我国对外投资体制中存在的主要问题和挑战，进一步探讨我国对外投资管理体制的改革方向和改革措施，并尝试提出几点政策性建议。

三 主要结论与创新

通过理论与实证研究、案例分析及国际比较，本书从货币视角入手，着重考察汇率、关税及非关税壁垒（反倾销）等因素对我国对外直接投资流出的诱发机理及传导路径。得出的主要结论如下。

（1）理论分析表明，第一，东道国关税率的变动，对本国企业投资意愿度的影响具有不确定性，原因在于关税率与反倾销税率的相互权衡。不过，总体贸易壁垒（考虑关税和反倾销税）对投资意愿度的影响呈单调变化规律。一国企业对外直接投资的跨越行为是否显著，不仅取决于所考量的贸易壁垒种类，还受控于经济体的消费者特征、冲击的来源等因素。第二，货币波动性通过"反倾销税渠道"和"汇率、收益与可变成本综合渠道"对企业的对外投资意愿产生影响。在一定条件下，两个渠道效应叠加，本国（外国）货币波动的加剧将会导致本币升值（贬值），反倾销壁垒幅度上升（下降），贸易摩擦加剧（减弱），从而相对增强（削弱）本国企业规避贸易壁垒动机，促进（阻碍）本国企业对外投资的形成。当然，本国货币波动性对企业对外投资意愿的影响结论较为复杂，与消费者器质特征有关。

（2）与理论分析的预期结果大体一致，中国企业对外直接投资行为的背后确实存在一整套的诱发机制和传导路径。研究结果表明，货币通过汇率和反倾销渠道，对中国对外直接投资的行为选择产生影响。其中，汇率渠道的作用尤其重要和显著。反倾销渠道对中国对外直接投资的诱发作用受到出口规模的约束。关税对中国企业对外直接投资的"诱发"效应并不显著，且号性不确定（这与本书理论研究部分给出的预期结论相吻合）。总之，中国对外直接投资在贸易壁垒（如关税和以反倾销为代表的非关税）跨越和非贸易（比如汇率）壁垒跨越的动机选择上，后者可能更为重要。

（3）汇率、反倾销作为内生于货币的变量，实证研究中将两者作为解释变量对中国对外直接投资进行回归估计，会存在一定程度的内生性问题。相比较而言，货币代替汇率和反倾销，作为解释变量进行回归，内生性问题较小，估计结果应该相对准确、可靠。本国货币波动性增加，将推动中国企业对外投资（弹性为 0.63 ~ 0.74）。这一估计结果还表明，在中国的外部经济环境中，消费者跨期替代弹性大于1。

（4）中国对外直接投资的出口弹性为 0.66 ~ 0.90，融资成本弹性约为 0.53，能源寻求弹性为 0.35 ~ 0.38。可见，巩固和扩张国外市场份额、融资成本及能源寻求等因素构成中国企业"走出去"的其他诱因。

（5）针对反倾销壁垒而言，关税率对其的影响作用程度较大，其次是实际汇率，再次是货币层面因素。其中，本国货币波动性对反倾销壁垒有显著影响，传递率为 0.55 ~ 0.59，而外国货币波动性对反倾销壁垒的影响作用不大。实证数据似乎并不支持"关税壁垒与反倾销壁垒的相互权衡"观点，相反，两者却表现出较为显著的"互补"关系。另外，实证研究还表明，实际汇率与反倾销壁垒之间存在"协整"关系。本币升值会导致遭受外国的反倾销壁垒幅度上升，贸易摩擦加剧。这一验证结果支持第五章理论分析部分的观点。

（6）案例研究显示，与一般化理论分析结论相吻合，海尔和华为的"走出去"战略确实是在应对全行业各种形式壁垒（包括反倾销、汇率）和不确定性的基础上逐步形成的理性选择。在海外市场进入方式选择方面，海尔遵循"先有市场，再建工厂"的原则，这种做法印证了本书实证研究得出的主要结论：在企业对外投资决策过程中，市场规模是一个重要的控制变量。海尔和华为的案例研究进一步揭示，无论生产转移型投资还是技术获取型投资，在功能上都可以起到跨越贸易壁垒的作用。但是，与前者相比，后者更加立足于长远利益，是治本的策略。

（7）国别比较研究结果表明，尽管所处的国内和国际环境有所不同，各国企业在自身国际化过程中存在一些差异化选择（如区位路径），但总体上仍表现出很多重要的共性规律。而且，这些共性（如企业对外投资的诱发因素和机制等方面）与理论和实证研究所得出的基本结论大体吻合。

本书的创新之处主要体现在以下几方面。

（1）理论方法的创新尝试。第一，以往的理论研究方法基本上存在一个共同特点，即没有形成一个系统框架同时考察汇率、贸易壁垒因素对对外直接投资流出可能起到的综合性"诱发"作用。这正是本书研究的潜在突破点，强调内（汇率）外（反倾销等）政策对对外直接投资流出的多种传递渠道和综合效应。第二，本研究将汇率、贸易摩擦做内生化处理，这一点与以往多数文献有所不同。

（2）理论研究观点的创新尝试。在理论研究中笔者尝试提出：第一，关税与反倾销税的相互权衡，使得企业对外投资行为针对单一壁垒（关税或反倾销）的跨越动机变得不显著（这一假说在实证研究结果中得到一定程度的证实），但针对总体贸易壁垒的跨越动机仍然显著；第二，货币波动性通过"反倾销税渠道"和"汇率、收益与可变成本综合渠道"对企业的对外投资意愿产生影响。在一定条件下，两个渠道效应叠加，本国（外国）货币波动的加剧将会导致本币升值（贬值），反倾销壁垒幅度上升（下降），贸易摩擦加剧（减弱），进而促进（阻碍）本国企业对外投资的形成。

（3）实证研究观点的创新尝试。在实证研究中笔者发现，与贸易壁垒相比，汇率渠道的作用更为重要和显著。中国对外直接投资在贸易壁垒（如关税和以反倾销为代表的非关税）跨越和非贸易（比如汇率）壁垒跨越的动机选择上，后者可能更为重要。

四　局限性与不足

总结起来，在本书研究中可能存在的局限性及不足包括以下几个方面。

（1）数据的时序短。受到中国对外直接投资国别数据、各国货币供给月度数据、关税率数据、一次性能源产出数据等可获得性的限制，本书实证研究中样本采集期设定为2003～2011年，数据的时序较短。同时，发展中国家在这些变量的数据方面往往存在严重缺失，且数据质量较差，这在很大程度上导致样本选取中发展中国家的占比相对较小。这些缺点可能会影响到实证检验结果的稳健性。随着今后数据有效期的不断增加，这一不足对检验结果的负面影响将会得到逐步改善。

（2）"反倾销壁垒"的代理变量问题。根据理论部分假设，"反倾销壁垒"的代理变量最好是选择为反倾销税率。但是，反倾销税率的国别数据很难获得，只好采用东道国发起的反倾销调查次数替代。这很可能是造成与反倾销壁垒相关的某些验证工作未能与理论假说相吻合的部分原因。这成为后续研究工作有待完善的地方。

（3）理论假设的局限性。本书研究侧重于生产转移型对外投资诱发因素和诱发机制的讨论，对于资产寻求型对外投资没有给予关注。这一点从理论假设的设定上就可以看出。然而，后一种类型的对外投资已经开始变得重要。而且，随着人民币汇率的不断升值、中国经济结构转型压力的逐步增大，这种类型对外投资的重要地位将会凸显。笔者认为，这是本研究最大的不足，也是下一步欲探索的研究方向。

第二章 中国对外直接投资的发展概述

研究我国企业对外直接投资的发展历程，不能脱离与之相关的国际政治经济背景。作为一个发展中国家，中国参与国际经济的深度和广度与发展中国家整体经济实力的演变过程密不可分。因此，本章首先概述发展中国家对外直接投资的整体现状，然后，在此基础上，重点阐述中国对外直接投资的历史演变过程、规模特征和结构特征。

一 发展中国家对外直接投资的总体现状

自20世纪90年代以来，随着经济全球化和区域经济一体化的不断深入，发展中国家开始成为全球对外直接投资中的一个新兴力量。通过实行经济改革政策，它们具备了一定的工业基础，并且积累了大量的外汇储备，在对外投资中的地位逐渐增强。

据《2015 年世界投资报告》估计，发展中国家的跨国企业对外投资占全球对外直接投资总量的比重总体呈不断上升趋势。具体地，从 1990 年的 5% 攀升至 2008 年的 16%，2010 年更是高达 27%，2011 年降为 22%，2014 年上升为 35%。2009～2014 年，转型经济体对外直接投资比重大致稳定在 4%。亚洲国家，特别是中国，正在成为重要的对外直接投资来源地。与此同时，受到金融危机和经济衰退的双重影响，来自美国、英国、日本等发达国家的对外直接投资有所下降，从 1990 年的 94.8% 降至 2014 年的 60.77%（见表 2 - 1）。全球 FDI（Foreign Direct Investment，对外直接投资）流出的构成正在出现一些新的调整和变化特点。

表 2 - 1 1980～2014 年世界范围内 FDI 流出区域分布

单位：亿美元，%

年度	1980	1990	2000	2010	2011	2012	2013	2014
世界总额	538.3	2296.0	12391.9	14513.7	16942.0	12836.8	13059.1	13540.5
发达经济体	506.8	2176.5	11026.7	9895.8	12375.1	8728.6	8336.3	8228.3
所占比例	94.14	94.80	88.98	68.18	73.04	68.00	63.84	60.77
发展中经济体	31.5	119.1	1333.4	4001.4	3837.5	3572.5	3807.8	4681.5
所占比例	5.86	5.19	10.76	27.57	22.65	27.83	29.16	34.57
转型经济体	n. a.	0.4	31.8	616.4	731.4	535.7	915.0	630.7
所占比例	n. a.	0.02	0.26	4.25	4.32	4.17	7.01	4.66

资料来源：根据联合国贸发会在线 FDI 数据库整理，http://stats.unctad.org/FDI。

目前，发展中国家和地区共有 150 多个，主要分布在非洲、拉丁美洲、亚洲等地区。20 世纪 90 年代后半期至 21 世纪初期，非洲的对外直接投资一直徘徊在 20 亿美元。其中，2001 年对外投资还曾出现较大幅度的倒退（－30 亿美元）。2006 年以后，非洲对外投资步伐明显加快。2007 年，非洲对外直接投资年流量已经超过 100 亿美元。不过，美国次贷危机引发的全球性金融危机导致非洲对外直接投资有小幅削减。例如，2008 年南非的跨国企业鲁波特家族（the Rubert family）从英美烟草公司（British American Tobaco）下属的子公司（Richemont and Remgro）中大量撤资。然而，席卷全球的经济危机也使得大量欧美国家的优质资产严重缩水，为发展中国家并购海外企业提供了难得的契机。2008 年，利比亚所属的 Arab Jamahiriya 公司在北非地区对外投资中占有重要地位，占比高达 63%。另外，一些跨国公司考虑跨行业兼并。例如，利比亚所属的非洲证券投资公司（Africa Investment Portfolio）开始涉足能源、信息和通信技术以及旅游等领域的跨国收购。来自安哥拉和埃及的 12 家跨国企业表现也非常活跃，他们把收购海外优质资产作为占领国际市场的重要手段。

2008 年金融危机爆发后，非洲把对外投资的行业重点放在服务领域，这从跨国企业的海外并购活动中可见一斑。在非洲 2008 年前十位跨境并购案例中，涉及服务行业占 5 起之多。其中，南非的 Telkom SA 有限责任公司以 70000 万美元获得英国 Gateway Telecommunication PLC 公司（涉及通

信领域）100% 的股权；埃及的 Orascom Constr Ind SAE 公司
以 34000 万美元获得美国 Gavilon Group LLC 公司（涉及安
全与产品服务领域）20% 的股权；南非的 Dimension Data
PLC 公司以 27600 万美元获得新加坡 Datacraft Asia Ltd 公司
（涉及计算机设备管理与服务领域）45% 的股份。

经济发展和国家战略性改革促进非洲对外直接投资在服
务领域，特别是金融服务业快速扩张。尼日利亚中央银行鼓
励银行间横向兼并，导致尼日利亚的商业银行进一步向西非
其他国家渗透，如贝宁、加纳、冈比亚、利比里亚、塞拉利
昂和多哥等。另外，跨国并购使得尼日利亚的 Ecobank
Transnational International（简称 ETI）得以进驻 24 个国家的
市场。

金融危机爆发后，非洲对外投资的国别构成排序出现比
较明显的变化。例如，2008 年非洲对外直接投资规模最大
的是利比亚，其次是安哥拉、埃及和几内亚。与 2007 年相
比，北非的对外投资规模和力度明显加大，西非也有较大程
度增加。由于撤资等原因的影响，南非对外直接投资的净流
出规模出现负增长，因而，没有排到前列。

拉丁美洲的对外直接投资大致可以划分成两个阶段。以
2000 年为分水岭，1995~2000 年，该地区对外投资呈现缓
慢上涨态势，主要是受到 80 年代拉美债务危机以及 1994 年
墨西哥金融危机的影响。2000 年，拉丁美洲（包括加勒比
海地区）对外直接投资达到 500 亿美元。随后，对外投资规
模连续两年出现较大幅度下滑，这可能源于 20 世纪初期拉

美地区发生的经济危机（如巴西危机）。2003年拉丁美洲开始逐渐进入新一轮对外投资的增长期。2006年对外投资规模已经超过600亿美元。2007年美国次贷危机的爆发，致使拉美地区受到很大影响，2007年对外投资规模削减100亿美元之多。2008年出现恢复性增长，再度超过600亿美元关口。总体看，拉美地区对外投资规模起伏比较大。

近些年来，拉丁美洲对外投资的行业分布侧重于矿产资源和食品加工业，服务业领域的对外拓展力度不是很大，这与非洲地区对外投资的行业特点形成鲜明的对比。从2008年拉丁美洲和加勒比海地区前十位跨境并购案例中可以发现，属于矿产资源的收购案例有3起，而且都具有"完全买断"的特点。其中，包括巴西的Gerdau SA公司以17.49亿美元收购并获得美国的Quanex Corp公司100%的股权；秘鲁的Ciade Minas Buenaventura SAA公司以4.55亿美元获得巴西的Mineracao Taboca SA公司100%的股权；巴西的Grupo Votorantim公司花费2.95亿美元获得美国的US Zinc Corp公司的100%股份。另外，属于食品加工行业的收购案例有3起。它们分别是巴西的J&F Paticipacoes SA公司收购美国的Smithfield Beef Group Inc公司（100%股份）以及意大利的Inalca SpA公司（50%股份）、墨西哥的Coca - Cola FEMSA SA CV公司收购巴西的Refrigerantes Minas Gerais Ltd公司（100%股份）。前十位跨境并购案例中，有6起是围绕着矿产资源、肉类食品加工、粮食等拉丁美洲国家的强势产业进行。这说明拉美国家企业在"走出去"过程中更多考虑的是如何强化自身优势产业，对外直接投资的动机主要是出口推动型的。

从 20 世纪 90 年代后半期开始，南亚、东亚和东南亚地区的年均对外直接投资数额基本保持在 400 亿美元的水平。1998 年受到东南亚金融危机的影响，对外投资规模稍有减弱，在 300 亿美元左右。

近些年来，该地区的经济相对高速增长、贸易盈余导致的外汇储备逐年积累带动了其对外投资的步伐。特别是，该地区企业强大的国际竞争力和政策的大力扶持也为对外投资提供了坚实的微观基础和重要的制度保障。2008 年以来，虽然全球金融危机弱化了该地区很多跨国企业的经济绩效，该地区很多国家的对外直接投资增速放缓，但是，该地区总体对外投资水平依然维持高位运行。2008 年该地区对外投资规模超过 1800 亿美元。

南 – 南之间的跨境投资（离岸金融中心除外）主要是在区域内（intraregional）进行，这一特点在东亚和东南亚十分显著，应该与近年来该地区经济一体化的不断推进存在密切关系。同时，该地区对低收入非洲国家/地区的投资力度和规模也有所上升。2008 年，亚洲国家在基础设施领域对 sub – Saharan Africa 地区的投资激增，这在非洲低收入国家如安哥拉、刚果等基础设施项目的融资方面起到至关重要的作用。此外，南亚、东亚和东南亚等国对发达国家的直接投资也有所增加。这主要由于亚洲企业希望通过并购获得海外战略性资源的动机。实际上，很多较大金额的并购案例主要是针对发达国家的优良企业资产进行的。

　　该地区跨境投资增长最为显著的主要集中在初级产品生产领域和服务领域，制造业领域有所下降。其中，金额较大的并购案例主要发生在服务领域。如新加坡淡马锡国有控股公司以 44 亿美元收购美林证券（美国）11% 的股份。在制造业并购案例中比较有名的如印度的 Tata Motors Ltd 公司以 23 亿美元成功买断英国 Jaguar Cars Ltd 公司。

　　在初级产品生产部门如农业，该地区对外投资也表现出不断增长的趋势。除此之外，来自中国和印度的石油公司和矿产资源加工类企业也在加紧并购海外资产。在某种程度上，金融危机促进了亚洲地区自然资源寻求型（natural-resource-seeking）企业的海外扩张。例如，澳大利亚矿产类企业股价市值的不断缩水，伴之以该国货币的大幅贬值，为亚洲发展中国家资源饥渴型投资者（resource-hungry investor）提供了良好的兼并契机。2008 年 7 月，中国中钢集团以 14 亿美元获得澳大利亚一家生产铁矿石的企业 Midwest 公司 51% 的股份。

　　2008 年金融危机爆发后，在金融服务业领域，该地区的主权财富基金（sovereign wealth funds）和其他金融机构开始考虑投资发达国家陷入困境中的一些银行企业。亚洲投资者认为这是一个绝好的机会，金融危机使他们得以收购那些因次级债导致的流动性短缺的大型银行，并借此机会进入发达国家的金融市场。

　　相比之下，西亚地区对外投资开展得比较晚。1995 ~

2003 年该地区对外投资规模总量很小，低于 50 亿美元。其中，1995 年、1998 年和 2003 年还曾出现过负增长。2004 年以后，该地区对外投资规模逐年攀升，也出现类似南亚、东亚和东南亚地区的"爆发式"增长。对外投资已经成为海湾合作理事会国家推行资产多元化政策的重要手段。近年来，西亚国家逐渐意识到经济单一化潜在的经济风险，希望通过主权财富基金、国有企业以及其他政府控制的手段进行对外投资，使资产行业分布朝多元化、分散化方向转变，纠正经济过度依赖石油和天然气的单一化格局。

总体来看，发展中国家历史上经历了三次对外直接投资浪潮。

第一次是 20 世纪六七十年代，以拉美国家巴西、墨西哥等为主要代表。大多数拉美国家从 20 世纪 50 年代开始实施进口替代工业化战略，经济出现快速增长。到 20 世纪 60 年代，拉美地区平均 GDP 已超过 1000 美元。其中，巴西的经济增长最为令人瞩目，其经济增长速度大大超过拉美地区的平均增长速度。1968 ~ 1973 年，巴西年均增长速度高达 11.2%。巴西人均 GDP 从 1960 年的 1049 美元增长到了 1980 年的 2084 美元，被誉为"巴西经济奇迹"。伴随经济的增长，拉美地区开始出现对外投资，并构成为这一时期发展中国家对外直接投资的主要来源。

第二次是 20 世纪 80 年代，这一时期主要的对外投资方是韩国、中国台湾等亚洲国家（地区）。70 年代末期，由于进口替代型战略的种种弊端，拉美国家先后遇到诸如市场饱和、国际竞争力不足、企业效益低下、失业人口不断攀升、财政赤字不断拉大等严重问题，与此同时，对外直接投资规模也迅速下降。拉美进口替代工业化发展模式的局限性越来越突出。

以"亚洲四小龙"为代表的亚洲国家（地区）没有步拉美国家后尘，而是根据当时发达国家产业转换的有利时机，适时转向了"出口导向"外向型发展模式。实践证明，这些亚洲国家（地区）经济迅速起飞，对外直接投资不断兴起，而且这些亚洲国家（地区）的投资对象国不是其他亚洲国家，而是欧美等国。

第三次浪潮是 20 世纪 90 年代至今，亚洲地区的发展中大国，特别是中国和印度，进入 21 世纪以来，在发展中国家乃至全球对外直接投资的舞台上开始扮演着越发重要的角色。正如新加坡内阁资政李光耀所说，中国和印度的经济增长支撑了亚洲的经济，即便是美国经济减速，亚洲也不会陷入经济衰退。根据《2015 年世界投资报告》，2014 年中国对外直接投资流量已经达到 1160 亿美元。中国对外直接投资流量、存量分别位居世界第 3 位和第 7 位，居发展中国家和转型经济体的首位，中国已成为发展中国家重要的对外投资大国。

二　中国对外直接投资的历史演变

中国企业"走出去"是 1979 年改革开放后逐步兴起

的。其前身可以追溯到新中国成立以后的对外经济技术援助以及对外工程承包和劳务输出。总结起来，我国对外直接投资的发展历程大致经历初步发展阶段（1991 年以前）、稳定发展阶段（1992～2000 年）和快速增长阶段（2001 年至今）三个阶段。

（一）初步发展阶段（1991 年以前）

20 世纪 50 年代初，中国开始对外经济技术援助，这是在特定历史条件下进行国际政治和外交的重要手段。这一时期的对外援助，为改革开放以后兴起的中国企业海外经营建立了重要的市场联系，并奠定了牢固的基础。

中国企业真正意义上的海外投资，是改革开放以后逐步发展起来的。1979～1991 年，我国对外直接投资还处于起步阶段，总体来看，发展较为缓慢。而且，中国的海外投资是在政府的严格监管下进行的，投资主体主要是大型的贸易集团和综合性集团。投资业务以辅助贸易为主，多为海外代表处或合资企业。非贸易性企业的投资大多集中于餐饮、建筑工程、金融保险、咨询服务等行业。

据统计，1979～1985 年，中国海外非贸易性企业共计189 家，总投资额 2.98 亿美元，其中，中方投资额为 1.97亿美元。海外投资企业分布在多个国家和地区，特别是以中国香港、澳门地区为主。1986～1991 年，中国共新增境外非贸易性企业 819 家，平均每年新批准 137 家。从中方累计投资额看，1985 年为 1.77 亿美元，1991 年为 13.95 亿美元，6 年间海外投资额增长 6.9 倍。

与前 6 年相比，这后 6 年境外投资的特点是：跨国经营领域逐步多元化，海外投资企业数量开始呈现增长态势；海外投资的地域分布扩大，由过去的 45 个国家和地区扩展到 90 个；对外投资主体由原来的专业外贸公司和各省市国际经济技术合作公司向多行业的生产企业、集团企业转变。

（二）稳定发展阶段（1992～2000 年）

随着经济形势的发展，我国的市场格局逐渐由商品短缺转向商品过剩，产业结构面临重大战略调整。国内资源的供需矛盾日益突出，通过企业的海外经营更好地开发国内外两个市场、两种资源，已成为我国国民经济发展的迫切任务。

1992～2000 年，一批行业排头兵和优秀企业（包括民营或民营资本参股的大型企业）陆续到境外办厂，积极尝试并积累跨国经营的经验，如三九集团、小天鹅电器公司、TCL、海尔、天狮集团等。大批民营企业的加盟，改变了投资主体的组成结构，使得这一时期的中国企业跨国经营出现新的亮点。其中，建立海外营销战略联盟集体"走出去"是一个重要特征。例如，青岛市几十家大型集团联合，共在海外建立生产型工厂 36 家，贸易公司近百家，形成了生产厂家、贸易公司、工程公司一体化的跨国经营团队。境外投资覆盖 39 个国家和地区，对外承包工程和劳务合作市场覆盖 64 个国家和地区。这一方面促进了青岛设备、技术、原材料、零部件的出口，另一方面，为青岛企业融入国际市场、打造国际品牌奠定了坚实基础。

从统计数据看，截至 2000 年底，中国累计设立的海外企业达到 6298 家（不含金融类企业），协议投资总额 113.6 亿美元，其中，中方协议投资额为 75.7 亿美元。地域分布遍及全球 160 多个国家和地区。其中，境外加工贸易类投资带动出口的成效显著。据统计，此类企业可带动年均 10 亿美元的原材料和零配件出口。

（三）快速增长阶段（2001 年至今）

这一阶段以 1999 年 2 月国务院办公厅转发的《关于鼓励企业开展境外带料加工装配业务的意见》为标志，并成为稍后形成的我国"走出去"开放战略的前兆。2000 年中央正式提出"走出去"战略，实施"引进来"和"走出去"同时并举、相互促进。2001 年中国加入 WTO，极大调动了中国各类企业国际化经营的积极性。在这些因素共同作用下，我国出现了改革开放以来对外投资数量最大、投资水平最高的一个时期。

2001 年，中国对外直接投资开始迅速增长。据外经贸部统计，截至 2013 年底，我国 1.53 万家境内投资者在国外设立对外直接投资企业 2.54 万家，分布于全球 184 个国家（地区），对外直接投资存量已达到 6604.8 亿美元。2001 ~ 2013 年，我国对外直接投资流量从 69 亿美元猛增至 1078.4 亿美元，增长接近 15 倍。图 2 - 1 给出 1993 ~ 2013 年中国对外投资流量,可以清楚把握和比较20世纪90年代(第二阶段)与21世纪以来(第三阶段)我国对外直接投资的总体变化趋势。

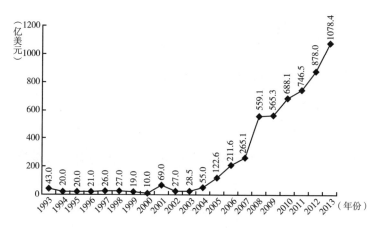

图 2 - 1   1993 ~ 2013 年中国对外直接投资流量

资料来源:1993 ~ 2001 年中国对外直接投资数据来自联合国贸发会议公布的《世界投资报告》,2002 ~ 2013 年数据来源于中国商务部统计数据。

三   中国现阶段对外直接投资的特征

我国对外投资的总体特征可以从规模特征和结构特征两个角度来认识和解读。总体来说,中国海外企业的规模较小。虽然近些年来,中国的海外企业数量与中方投资额的增速都比较快,但是,对外投资规模较之吸收外商直接投资规模相对狭小的现状,到现阶段为止,还没有发生本质的变化。从行业分布看,早期中国企业对外直接投资主要集中在服务业,而近期中国企业对外直接投资则主要分布在采矿业与制造业；从区域分布看，自 20 世纪 80 年代后期以来，我国对外投资区域开始由邻近发展中国家向亚非拉其他发展中国家和欧美等发达国家辐射。

（一）规模特征

1. 中国对外直接投资流出的波动持续期和波动幅度总体上大于同期对外直接投资的流入

中国吸收的外商直接投资，自 20 世纪 90 年代中期以后呈现相对平稳的发展态势。与之相比，中国的对外直接投资虽然经过 30 多年的发展，近些年呈现迅猛的增长态势，但总体看尚未步入相对稳定的成熟发展阶段，还不能与引进外资形成双向互动。这在很大程度上反映出中国的国力较弱，缺乏建设资金，需依赖国际资本发展经济的历史格局。

在分析影响中国对外直接投资的各种因素中，外汇储备和国内生产总值的作用是不可忽视的，因为这两个指标反映了一国从内外部角度衡量的综合国力水平。对外直接投资和一国的外汇储备、一国的国内生产总值有很大的联系。国内生产总值的强劲增长和外汇的迅猛增加都会给对外直接投资提供有利条件。表 2 - 2 给出 1990 ~ 2013 年我国这三个经济变量的年度数据。从表中可以看出，在 20 世纪 90 年代中期以前，对外投资与外汇储备之间的相关性较强，体现了外汇储备对于对外直接投资的约束作用。同时，随着我国国内生产总值的不断增加，对外直接投资的规模总体上也表现为不断扩大，说明这两个变量之间具有较强的相关性。

表 2 - 2 1990～2013 年中国外汇储备、对外直接投资
流量与国内生产总值

年份	外汇储备余额(亿美元)	对外投资流量(亿美元)	国内生产总值(亿元)
1990	110.9	9	18667.8
1991	217.1	10	21781.5
1992	194.4	40	26923.5
1993	212	43	35333.9
1994	516.2	20	48197.9
1995	736	20	60793.7
1996	1050.3	21	71176.6
1997	1398.9	26	78973
1998	1449.6	27	84402.3
1999	1546.8	19	89677.1
2000	1655.7	10	99214.6
2001	2121.6	69	109655.2
2002	2864.1	27	120332.7
2003	4032.5	28.5	135822.8
2004	6099.3	55	159878.3
2005	8188.7	122.6	183084.8
2006	10663.4	211.6	209407
2007	15282.5	265.1	257306
2008	19460.3	559.1	300670
2009	23992	565.3	335353
2010	28473	688.1	397983
2011	31811	746.5	473104
2012	34101	878	519322
2013	38213.2	1078.4	588019

资料来源：各年度数据来自国家外汇管理局网站、中国统计年鉴、中国商务部统计。

2. 尽管中国企业对外直接投资相对规模尚小，但在新兴经济体中的位次不断提高

1980 年，中国的对外直接投资刚刚起步，经过 10 年的

发展，至 1990 年，中国进入发展中国家和新兴经济体中前
12 位对外直接投资来源国之列。其存量从 1990 年起，一直
稳居发展中国家和新兴经济体中前 10 大来源国之列。2000
年，中国超过对外直接投资较早的韩国、马来西亚、阿根
廷；2006 年，中国超过巴西，在发展中国家仅次于俄罗斯
和新加坡；2008 年，中国对外直接投资流量已经达到 559
亿美元；2013 年，中国对外直接投资流量超过 1078.4 亿美
元，居亚洲第二位，① 全球第三位。②

　　与美、日等发达国家相比，中国企业对外投资规模目前
总体偏小，其原因有很多。中国一向积极开展与发展中国家
的经济合作，尤其是在非洲国家投资企业较多。由于当地发
展水平和市场规模等原因，客观上限制我国企业的投资规
模。更为重要的是，中国海外企业的母公司本身规模就有
限，导致海外经营的投资能力亦有限。因而，从根本上讲，
要真正提升我国海外企业的整体投资规模水平，必须首先在
国内形成具有强大竞争力和一定经济规模的大企业集团。

（二）结构特征

　　经过多年的发展，我国对外直接投资已形成一定的规
模，并具备国际化初级阶段的特征。对外直接投资的结构特
征主要包括投资行业分布、地域分布等方面。下面将分别给

---

① 2013 年中国对外直接投资流量排名亚洲第二，第一位是日本。
② 2013 年对外直接投资流量全球排名前两位分别是美国、日本。

予描述。

1. 行业分布

中国的对外直接投资分成两大类：贸易类和非贸易类。前者包括在进出口贸易、交通与通信、金融与保险、餐饮与旅游、咨询与医疗等行业进行海外投资的企业；后者包括在工业生产、工程承包以及资源开发等领域进行海外投资的企业。

（1）早期中国企业对外直接投资的行业主要集中在服务业，以贸易性企业居多。20世纪80年代后期，隶属于不同行业的企业在选择国外的投资发展方向时，往往会突破国内部门分工体制的限制，在国外进行多样化的发展，主要表现为以下特点：一是外贸公司逐步扩大海外制造业的投资比重；二是工业企业向贸易或其他领域扩展；三是以劳务承包为主要任务的各地对外经济技术合作公司从偏重于餐饮服务业的投资，逐步向纺织、轻工和电子等行业扩展。

从投资的企业数来看，根据1993年底中国对外直接投资细分的行业分布数据，从各行业企业数占中国海外企业总数的比例来看，从高到低依次为：贸易型（24%）、生产型（19%）、餐饮旅游型（18%）、工程型（16%）、金融保险型（12%）、资源开发型（5%）等。非贸易类与贸易类海外企业所占比例分别为40%和60%。

从投资金额来看，中国对外直接投资在服务业、资源开发和制造业中的投资比例分别是61%、25%和14%。在服务业投资中，虽然以贸易公司形式出现的贸易型投资企业数量众多，但投资规模都较小，而中国在海外金融业的投资，虽然设立的分支机构少，但规模很大。

（2）近年中国企业对外直接投资在采矿业和制造业的比重逐渐增加。随着中国对外直接投资流量的迅速上升，我国对外直接投资的行业分布更广泛，几乎遍及一、二、三产业的各个细分领域。根据《2013 年度中国对外直接投资统计公报》，2013 年我国对外直接投资覆盖了国民经济的所有行业类别。根据各行业投资金额占当年总流量的比例进行排序，前 6 位的行业从高到低分别为租赁和商业服务业、采矿业、金融业、批发和零售业、制造业、建筑业。六个行业累计投资流量 931.8 亿美元，占我国对外直接投资流量总额的86.4%。

综合来看，在我国对外直接投资中，第一产业的比重逐年下降。第二产业，主要是采矿业和制造业，尤其是采矿业的重要性日益增加。在采矿业中，主要是石油和天然气开采业、黑色金属、有色金属矿采选业；在制造业中，主要分布在通信设备、计算机及其他电子设备制造业，纺织业，交通运输设备制造业，医药制造业，黑色金属冶炼及压延加工业，有色金属冶炼及压延加工业，电器机械及器材制造业等。第三产业中，租赁和商务服务业投资比重仍较大，其中，2013 年投资存量占比为 29.6%，流量占比为 25.1%。总体来说，中国企业的对外直接投资主要集中于资源开发、商业贸易服务、制造业和交通运输仓储业。

　　2013 年，中国对外直接投资流量的近 90% 流向租赁和商务服务业，采矿业，批发和零售业，金融业，制造业，交通运输、仓储和邮政业以及房地产业。其中，租赁和商务服务业 270.6 亿美元，占 25.1%；采矿业 248.1 亿美元，占 23%，主要是石油天然气、有色金属、黑色金属等资源的开采；批发和零售业 146.5 亿美元，占 13.6%；金融业 151 亿美元，占 14%；制造业 72 亿美元，占 6.7%；交通运输、仓储和邮政业 33.1 亿美元，占 3.1%；房地产业 39.5 亿美元，占 3.7%（见图 2-2）。其余如建筑业、农林牧渔业、住宿和餐饮业等占约 10%。

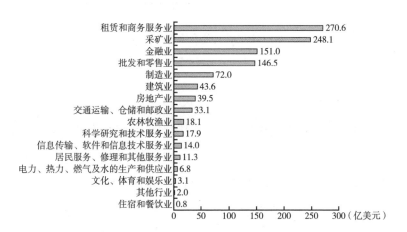

图 2-2　2013 年中国对外直接投资流量的行业分布

资料来源：《2013 年度中国对外直接投资统计公报》。

　　从对外直接投资存量的行业分布来看，租赁和商务服务业 1957.4 亿美元，占 29.6%；金融业 1170.8 亿美元，占 17.7%；采矿业 1061.7 亿美元，占 16.1%；批发和零售业

876.5 亿美元，占 13.3%；制造业 419.8 亿美元，占 6.4%；交通运输、仓储和邮政业 322.3 亿美元，占 4.9%；其余行业累计约占 12%（见图 2 – 3）。

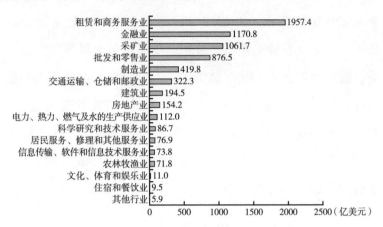

图 2 – 3　2013 年中国对外直接投资存量的行业分布

资料来源：《2013 年度中国对外直接投资统计公报》。

2. 地域分布

20 世纪 80 年代中期以前，中国对外直接投资的主体以专业贸易公司为主，对外直接投资地多选择在出口市场集中的东南亚和少数发达国家，且主要投资餐饮、服务业。这是由投资主体的实力有限所决定的。80 年代后期，投资主体从专业贸易公司发展到大中型工业企业，投资区域开始由邻近发展中国家向亚非拉其他发展中国家和欧美等发达国家辐射。1992 年邓小平"南方谈话"，中国对外直接投资区域进一步向东欧和韩国等国家拓展，投资地区更加多样化。表 2 – 3 给出 2013 年我国对外直接投资存量前二十位的国家（地区）。

表 2 – 3　2013 年中国对外直接投资存量前二十位的国家（地区）

单位：亿美元，%

序号	国家（地区）	存量	比重
1	中国香港	3770.93	57.1
2	开曼群岛	423.24	6.4
3	英属维尔京群岛	339.03	5.1
4	美国	219.00	3.3
5	澳大利亚	174.50	2.6
6	新加坡	147.51	2.2
7	英国	117.98	1.8
8	卢森堡	104.24	1.6
9	俄罗斯	75.82	1.1
10	哈萨克斯坦	69.57	1.1
11	加拿大	61.96	0.9
12	挪威	47.72	0.7
13	印度尼西亚	46.57	0.7
14	法国	44.48	0.7
15	南非	44.00	0.7
16	德国	39.79	0.6
17	缅甸	35.70	0.6
18	中国澳门	34.09	0.5
19	蒙古	33.54	0.5
20	荷兰	31.93	0.5
合计	—	5861.60	88.7

资料来源：《2013 年度中国对外直接投资统计公报》。

从我国对外直接投资的洲际分布来看，存在地区分布不平衡的特点。亚洲、拉丁美洲是我国对外直接投资存量最为集中的地区，占到存量的八成。截至 2013 年底，中国在亚洲地区的投资存量达 4474.1 亿美元，占 67.7%。其中，中国香港占到亚洲存量的 84.3%；拉丁美洲存量为 860.9 亿美元，占 13%；这两个地区集中我国对外投资存量的 80.7%。欧洲为 531.6 亿美元，占 8.1%；非洲为 261.9 亿美元，占 4%；北美洲为 286.1 亿美元，占 4.3%，主要分布在美国和加拿大；大洋洲为 190.2 亿美元，占 2.9%。

四　本章小结

本章首先阐述发展中国家整体对外直接投资的发展现状，并将其作为我国开展对外直接投资活动的国际背景。然后，重点阐释中国对外直接投资的历史沿革、规模特征和结构特征。

第一节总结分析了发展中国家作为整体所经历的三次对外投资浪潮和各阶段的主要特点，这构成了中国对外直接投资的现实基础和国际背景。

第二节回顾了我国对外直接投资的历史演变过程和每个阶段的发展特点。总体上，我国对外投资可大致划分为三个阶段，分别是：初步发展阶段（1991 年以前）、稳步发展阶段（1992~2000 年）和快速增长阶段（2001 年至今）。

第三节分析阐释了我国对外直接投资的规模特征和结构特征。总体来看，中国海外企业的经营规模偏小。虽然近些年来，中国的海外企业数量与中方投资额的增长都比较快，但是投资规模相对狭小的情况没有发生本质的变化。在规模分析基础上，先后从投资行业分布、地域分布等方面，分析了我国对外直接投资的结构特征。

第三章 人民币汇率改革进程及中国对外贸易摩擦现状

本章分别针对人民币汇率制度的演变历程、对外贸易摩擦现状以及我国对外直接投资体系的框架与问题进行回顾和阐述。从总体结构看，大体划分为人民币汇率制度的改革历程、中国贸易摩擦的现状以及对外直接投资体系框架与存在问题三个组成部分。

一　中国人民币汇率制度的改革历程

在人民币汇率制度演变史上，两次"汇改"事件是最重要的转折点和分水岭。在本章，笔者以分别发生在1994年和2005年的两次"汇改"为界，将人民币汇率制度改革历程大致划分为三个阶段：1994年以前的人民币汇率制度、1994～2005年的人民币汇率制度及2005年以后的人民币汇率制度，并就每一阶段的特点进行阐述。[①]

---

① 关于中国汇率制度演变过程的阐述，参考孙文莉《人民币汇率波动对我国贸易收支的影响研究》，中国财政经济出版社，2009。

（一）1994 年以前的人民币汇率制度

针对 1994 年以前的人民币汇率制度变革，可以细分为若干历史阶段。根据许少强、朱真丽的划分标准，包括 1949 ~ 1952 年、1953 ~ 1972 年、1973 ~ 1980 年、1981 ~ 1984 年和 1985 ~ 1993 年五个基本阶段。[①] 划分的依据主要是在新中国建立和发展建设的历史过程中，先后出现政治制度的更迭、经济制度的改革与逐步完善等一系列重大事件。

1949 ~ 1952 年，是新中国从国民党政权下处于崩溃状态的经济出发，大力恢复国民经济的特殊时期。当时我国外汇短缺，需要鼓励出口，私营经济在整个国民经济中占有绝对的比重，而外汇收入的相当部分来源于侨汇。在这种经济背景下，中国人民银行经过讨论，制定了"独立自主、大力扶持出口、适当照顾侨汇"的汇价政策。这一方针决定了当时的人民币汇率的调整是与国内外物价比的变化[②]相一致的。该段时期人民币汇率变化对进出口贸易的变动基本没有解释作用，而非汇率因素如政治（朝鲜战争）和贸易方式（与社会主义国家之间的易货贸易安排）对进出口的影响具有决定意义。

[①] 许少强、朱真丽：《1949 ~ 2000 年的人民币汇率史》，上海财经大学出版社，2002。

[②] 该时期的汇率调整共计 52 次，国内外物价比实际上是基于购买力平价原理调整汇率。

1953～1972 年，我国实行计划经济体制。这段时期人民币汇率制度特点包括：①宏观经济形势有非常大的变动，但人民币汇率则长期稳定；②人民币除了对西方货币汇率之外，对卢布汇率也是值得重视的汇率因素；③曾经出现过在我国对外贸易中采用人民币计价结算的历史。从国内外背景看，这段时期人民币汇率保持稳定的主要原因包括：第一，在计划经济体制下，物价长期稳定，汇率不再发挥调节对外经济交易的杠杆作用，仅仅作为计价核算工具；第二，由于朝鲜战争的原因，我国在美资产被冻结，为此，1953～1972 年，我国对外交易改用英镑结算，在国际布雷顿森林体系下，英镑对美元汇率保持固定，所以，外围环境也促使我国人民币汇率在这段时期保持稳定。

1973～1980 年，人民币对美元汇率持续稳中有升。从 1972 年的 1 美元兑换 2.245 元人民币升到 1 美元兑换 1.498 元人民币，累计升幅达 42%。这与上一时期（1953～1972 年）的汇率政策目标相比，已经产生很大的变化。布雷顿森林体系瓦解后，面对美元对其他主要货币的不断贬值，"在制定人民币汇率指导思想上，要求人民币汇率水平稳定在国际市场各国货币汇率中间偏上水平上"。① 许少强、朱真丽指出，这种汇率政策在这段时期的前几年尚有一定的合理性，但显然不符合后几年快速变化的宏观经济形势。随着我国外经贸规模在后期的逐渐增大，人民币高估导致

① 吴晓灵：《中国外汇管理》，中国金融出版社，2001，第 64 页。

1978 年产生大幅贸易逆差，我国在 1979 年应该适时调整汇率政策，使之与改革开放进程相吻合，但实际上决策滞后了两年之久。

1981 年初，我国开始实行双重汇率制。这是新中国成立以来在人民币对美元汇率上首次引入的制度。起初，官方公布的人民币对美元汇率为 1 美元 = 1.50 元人民币，贸易内部结算价为 1 美元 = 2.80 元人民币。此后，人民币官方汇率逐渐贬值下调到 1984 年的 1 美元 = 2.32 元人民币，但始终高于贸易内部结算价。在体制转轨初期，由于国内物价由政府控制，存在严重的扭曲，人民币的国际价值和国内价值之间存在相当程度的偏离。因此，在这段时期实施双重汇率制具有一定的合理性。但是，对人民币汇率双轨制的评价最终还要取决于贸易内部结算价是否以及在多大程度上对贸易收支的改善发挥了调节作用。从许少强、朱真丽的分析结果[1]看，这段时期的贸易内部结算价对贸易收支并没有明显的调节作用。相反，还引发了外汇管理秩序的混乱、妨碍外资进入、国际货币基金组织的反对等问题。

1985～1993 年，改革开放使经济形势发生一系列重大变化。例如，经济的高速增长、物价上升、贸易收支的巨额逆差、大规模利用外资等。相应地，人民币汇率制度也针对

---

[1] 许少强、朱真丽：《1949～2000 年的人民币汇率史》，上海财经大学出版社，2002。

经济条件的变化做出调整。首先，人民币对美元的年均汇率从 1985 年的 1 美元 = 2.9367 元人民币下降到 1993 年的 1 美元 = 5.7620 元人民币，贬值幅度达 49%。人民币如此大幅贬值在一定意义上是对以往人民币高估的纠正，同时，也表明政府开始重视汇率调节经济的杠杆作用。另外，在外汇管理方面的一个重要变革是外汇留成制度的引入，该制度的实施引发了一个外汇留成的调剂市场。1986 年 4 月以后，外汇调剂业务快速发展，这不仅支持了外汇体制改革，推动了进出口，改善了外商投资环境，促进了地方经济发展，而且为后来的人民币汇率水平的调整提供了参考基准。

（二）1994～2005 年的人民币汇率制度

在国内外经济、政治因素的共同推动下，1993 年 11 月 14 日，中共中央十四届三中全会通过了《关于建立社会主义市场经济体制若干问题的决议》。1993 年 12 月，《中国人民银行关于进一步改革外汇管理体制的公告》发布，实现了汇率并轨，建立了新的管理浮动汇率制度。从 1994 年 1 月 1 日起，我国政府开始实施新中国成立以来第二次重要的大规模外汇体制改革。[①]

针对 1994～2005 年的人民币汇率制度的阐释，可以细分为两个时期。以 1997 年亚洲金融危机为分水岭，包括 1994～

[①] 我国外汇管理体制在 1980 年经历了第一次重要的改革，其标志是 1980 年 12 月颁布的《中华人民共和国外汇管理暂行条例》。主要内容是实施人民币双重汇率和外汇留成制度。

1997 年和 1998～2005 年两个基本阶段。在汇率制度方面，1994 年至 1997 年亚洲金融危机爆发前，我国政府实施的是有管理的浮动汇率制度。自亚洲金融危机爆发后直至第三次"汇改"（2005 年 7 月）前，国际货币基金组织对人民币汇率制度的划分从"管理浮动制"转为"钉住单一货币的固定钉住制"。

1994 年 1 月 1 日，我国实行人民币官方汇率与外汇调剂价并轨，官方汇率由 1993 年 12 月 31 日的 1 美元 = 5.80 元人民币调整至 1 美元 = 8.70 元人民币。汇率的形成是以市场供求状况为基础，实行单一的、有管理的浮动汇率制。并轨后取消了外汇留成和上缴，实行外汇的银行结售汇制①。取消国内企业的外汇调剂业务，建立统一的银行间外汇市场，并以银行间外汇市场所形成的汇率作为中国人民银行所公布的人民币汇率的基础。此后，人民币汇率结束了长达 16 年的贬值过程，开始稳中趋升。

1996 年 12 月 1 日，我国接受了国际货币基金组织第八条款，实现了人民币经常项目可兑换，所有正当的、有实际

---

① 在银行结售汇体制下，境内企业经常账户项下的一切外汇收入应卖给外汇指定银行，外汇支出从外汇指定银行购回对外支付；外汇指定银行代国家进行售汇及结汇，外汇管理部门核定每一家外汇指定银行的外汇周转头寸。超出外汇周转头寸的外汇，应在外汇指定银行间外汇市场上卖出，中央外汇指定银行在外汇指定银行间外汇市场上进行外汇买卖活动，保证汇率的稳定和市场的出清。银行结售汇制的发展体现了中国外汇管理由计划分配到市场调节的渐进改革特点。

交易需求的经常项目用汇都可以对外支付，这是实现人民币自由兑换的重要一步。

应该说，并轨后的人民币汇率制度对于加速完善社会主义市场经济建设、深化国内经济体制改革、促进涉外经济发展、加快国内产业结构调整等诸多方面都有很大贡献。特别是在运行机制、应对外国宏观经济突变能力等方面都经受住严峻考验。1997 年 7 月，由泰铢贬值引发东南亚金融危机，东南亚各国货币纷纷贬值，东亚各国如日本、韩国货币也不断下跌，而人民币汇率也出现贬值预期。然而，人民币在国内实体经济层面良好、国内通货紧缩和外汇储备充足的前提下保持了货币稳定的态势，由于银行间统一外汇市场形成，并接受国家对外汇市场的干预，相对稳定的人民币汇率制度为中国经济的平稳健康发展、亚洲金融秩序稳定和世界经济发展做出重要的贡献。

1997 年之后，从实际的执行情况看，我国的汇率制度安排已经从有管理的浮动汇率制转变成为钉住单一美元的固定汇率制度，人民币对美元汇率始终钉在 1 美元 = 8.27 元人民币。这种相对稳定的汇率制度有不少好处，例如有利于外商投资和外贸活动的成本收益计算，有利于维持公众的信心。在金融危机时期，人民币汇率的相对稳定对于亚洲经济的迅速恢复和稳定发挥了十分积极的作用。

然而，这种汇率制度的一些潜在负面影响也逐渐显现，特别是在强势的人民币跟随疲软的美元被动贬值时期。进入 2000 年以后，美国经济逐步陷入衰退，美元开始走软。为刺激经济复苏，美联储采取降息政策，中美之间的利差逐步加大，导致大量国际游资产生流向新兴市场的冲动。由于人民币采取钉住美元的汇率制度，随后的几年时间，我国的外汇储备迅速激增，外汇储备规模由 1996 年的 1070 亿美元增至 2003 年的 4111 亿美元，增幅达 284%。外汇储备的快速累积导致过多的基础货币投放，这对于物价调控产生相当大的压力。另外，这也使得我国不少的出口企业往往被动地依靠汇率的贬值来赢得出口市场，而不是靠主动通过技术进步、提高企业管理水平等方式参与国际市场竞争，贬值导致我国贸易条件不断趋于恶化。

（三）2005 年以后的人民币汇率制度

伴随着中国国际储备激增和国际收支呈现明显的双顺差格局，主要贸易伙伴国不断抨击我国的汇率政策，认为人民币币值过低是导致其贸易赤字的主要原因。

在 2003 年"七国集团"（Group Seven）会议上，日本财长盐川正十郎提出，中国廉价商品大量出口造成世界性通货紧缩。因此，要求人民币升值。2004 年 10 月 1 日，在华盛顿举行的"七国集团"特别会议上，以美国为首的西方发达国家纷纷对中国施压，并要求中国确认人民币汇率体制改革的时间表。作为特邀代表，中国财政部部长金人庆和中国人民银行行长周小川提出中国汇率制度改革的总体目标和实施方法。这一举措正式拉开我国第三次重大汇率制度改革的序幕。

2005 年 7 月 21 日，我国开始实行以市场供求为基础、参考一篮子货币进行调节、有管理的浮动汇率制度，并使人民币汇率升值了 2.1%，即由"汇改"前的 1 美元 = 8.27 元人民币调整至 1 美元 = 8.11 元人民币。

银行结汇售汇的强制性和外汇市场的封闭性是造成汇率形成机制缺失的主要原因，因此，要改革人民币汇率形成机制，逐步实现外汇市场自愿买卖，发现市场真实供给和需求，以实现合理的汇率水平。另外，此次"汇改"的一项重要内容就是从原来钉住单一美元的固定汇率制度退出至参考一篮子货币进行汇率调节。在新汇率制度下，货币篮子包括 11 种货币。这 11 种货币分别为：美元、日元、欧元、韩元、新元、英镑、澳大利亚元、加拿大元、林吉特、泰铢、卢布。但主要是前 4 种货币，确定这 11 种货币的主要依据是对外贸易和服务的权重。

"汇改"以来推动了银行间外汇市场发展，包括金融机构、企业和居民在内的市场成员积极参与市场交易，外汇市场日趋活跃，人民币汇率弹性不断增强，人民币对美元汇率日均波幅已由 2005 年"汇改"后到当年底的 17 个基点扩大到 2008 年的超过 60 个基点。

从宏观经济层面看，人民币汇率形成机制改革促进了经济结构调整、产业优化升级和经济增长方式的转变，培育了金融机构自主定价和风险管理的能力，增强了宏观经济运行的灵活性。不过，转型中亦有阵痛。因为人民币升值意味着我国将面临出口收入减少、利润及竞争力下降等风险，给我国出口企业带来一定挑战。一些出口企业订单数量、利润都有所下降。一些靠低成本竞争，技术含量低、高污染、高耗能的中小企业，逐步丧失掉竞争资本，被挤出市场。从2007年起，珠三角等沿海地区的一些外贸企业，特别是纺织服装类劳动密集型企业出现了倒闭或外迁现象，人民币升值因素与税率提高、企业用工成本提高、结构升级一同被认为是现象背后的重要原因。

考虑到国内企业对本币升值的承受能力以及国际经济环境的复杂多变，2008年以后，我国政府适当收窄了人民币波动幅度，并减缓升值的速度，以应对国际金融危机。在金融危机最严重的情况下，许多国家的货币对美元施行大幅贬值，而人民币汇率保持基本稳定，且这种状况一直持续到2010年中期。2010年6月19日，根据当时的国内外金融形势以及我国国际收支状况，中国人民银行决定"进一步推进人民币汇率体制改革，增强人民币汇率弹性"。

2012年3月14日，温家宝总理在答中外记者问时表示，鉴于人民币汇率有可能已经接近均衡水平，中国政府将继续加大"汇改"的力度，特别是较大幅度地实行双向波动。截至2013年12月底，人民币汇率已经调整至1美元＝6.10元人民币附近。人民币的名义汇率和实际汇率较2005年"第二次汇率制度改革"以来，累计升值幅度超过30%。2014年3月，为进一步推进人民币市场化战略，央行将汇率双向浮动区间扩大至2%。2015年7月，国务院在《关于促进进出口稳定增长的若干意见》中提及进一步扩大人民币汇率双向浮动区间。因此，汇率波动幅度有可能进一步放大，从2%放宽到3%。未来人民币汇率形成机制改革将会继续朝着市场化方向迈进，更大程度发挥市场供求在汇率形成机制中的决定性作用，促进国际收支均衡。

二　中国对外贸易摩擦的现状

改革开放以来，我国对外贸易呈现高速发展态势，成为拉动经济增长的引擎。但与此同时，贸易伙伴国认为中国商品抢占了其本国产品的市场，抢走了当地工人的就业机会，我国出口的激增使自身遭遇越来越多的贸易摩擦。

理论上，贸易摩擦可大致划分为来自关税领域和非关税领域的两大类贸易争端。为总结、理清贸易摩擦总体的变化趋势和特征，本节将分别考察近年来我国遭受的关税和非关税（特别是反倾销）摩擦的现状和特点。[①]

（一）我国企业遭受的关税壁垒现状

1947～1994年，关贸总协定（GATT）共主持了八轮多边关税和贸易谈判。其中，第八轮谈判"乌拉圭回合"使

---

① 关于中国对外贸易摩擦现状的阐述部分参考田甜《中国企业对外直接投资动因的实证研究——基于贸易壁垒的视角》，北京外国语大学硕士毕业论文，2011。

全球范围内关税整体水平进一步降低，减税产品涉及的贸易额高达 1.2 万亿美元，减税幅度为 40%，近 20 个产品部类实行零关税。1994 年 4 月，根据"乌拉圭回合"谈判达成的协议，各成员方继续按照承诺逐渐降低关税水平，以达到"全体成员平均关税水平降低 34.3%，其中，发达国家成员降低 40.3%，发展中国家成员降低 29.7%"的目标。时至今日，关税减让取得重大成功。发达国家的关税水平已由 50 年前的 40% 降到 3% 左右，发展中国家也降到 10% 以下。

然而，在分析我国面临的关税壁垒时，只考察全球关税的整体水平变化趋势还是不够的。尽管关税整体水平降低，但是，一些贸易伙伴针对某些类别产品的关税水平仍然比较高，如美国对 PVC、ABS、尼龙产品征收 20% 的关税，而这些都在我国主要出口产品之列，马来西亚对整车进口征收 60% ~ 100% 的高关税等。

2001 年 12 月 11 日，我国正式加入世贸组织（WTO），对外出口面临的关税壁垒逐步降低，但这并不意味着可以轻视关税对贸易的影响。尽管关税水平整体上降低，但是，其他贸易救济措施最终可以借助关税的形式得以施加。例如，中美轮胎特保案。2009 年 6 月，美国国际贸易委员会以中国轮胎扰乱市场为由，建议对中国输美轮胎连续 3 年加征惩罚性关税，同年 9 月，该提案获奥巴马批准，最终的关税税率为第一年 35%，第二年 30%，第三年 25%。随后中国向世贸组织提出上诉，2010 年 12 月，WTO 裁定美国此举符合世贸规则。2011 年 6 月中国再次上诉，但 WTO 仍维持原判。

（二）我国企业遭受的非关税壁垒现状

基于多种原因，传统的关税壁垒逐渐丧失其重要地位。目前，各国进行贸易保护主要依赖于非关税壁垒。首先，关税与贸易总协定（GATT）曾经主持过多轮关税减让谈判，世界贸易组织（WTO）的成立又使关税减让有保障地逐步落实，因而，各国谋求通过高关税进行保护的目标越来越难以实现；其次，非关税壁垒种类很多，各国可以根据特定的情况选择不同形式的非关税壁垒措施，有针对性地对本国市场进行保护；最后，非关税壁垒具有隐蔽性，且杀伤力很强，所以受到各国政府的青睐。

反倾销作为 WTO 规则所允许的一种非关税贸易保护措施，在 20 世纪 80 年代初，仅有少数几个国家使用反倾销措施，而在 WTO 成立之后，各国纷纷使用这种非关税措施进行贸易保护。[1] 在非关税壁垒日益盛行的今天，反倾销已经成为各国谋求贸易保护的最重要手段。而且，反倾销在未来仍将继续占据十分重要的地位。[2] 总结起来，近年我国企业遭遇的反倾销存在以下几个特征。

---

[1] Zanardi, M., "Anti-dumping: What are the Numbers to Discuss at Doha?" *The World Economy*, Vol. 27 (3), 2004.

[2] Bown, C., "China's WTO Entry: Antidumping, Safeguards and Dispute Settlement," *NBER Working Paper*, No. 13349, 2007.

1. 从总量结构看，反倾销在我国遭受的贸易救济调查中占绝对优势。同时，我国连续多年成为国际反倾销的重要对象国

反倾销、反补贴、保障措施和特殊保障措施是四种贸易救济方式。而国外对华反倾销一直是贸易救济调查的"主力"。从总量结构看，1979~2010年，国外对华共启动1405起贸易救济调查。其中，反倾销1057起，占比为75%，在整个贸易救济调查中占绝对优势。

加入WTO以来，中国积极参与国际分工，发挥自身比较优势，产品的国际市场占有率逐步提升。与此同时，中国与伙伴国的贸易摩擦不断加剧和升级。中国商务部《2014年国别贸易投资环境报告》显示，2013年，我国出口产品共遭遇92起贸易救济调查，涉案总金额约36.6亿美元，其中，反倾销案件71起、反补贴案件14起、保障措施案件7起，我国输美产品遭遇"337调查"19起。此外，技术性贸易壁垒、不合理的卫生检疫标准等对我国出口产品的限制增多，对企业利益和产业发展形成制约。由此可见，我国企业面临的国际贸易和对外投资环境依然十分严峻。另外，根据世界贸易组织的数据统计，1995~2011年，国际反倾销调查总数为4010起，其中，涉华反倾销案件为853起，占比21%。我国已经连续多年成为国际反倾销的重要对象国。表3-1列出1995~2011年中国遭受反倾销调查和反倾销措施的对比数据。

表 3-1　1995~2011 年全球反倾销案件与对华反倾销调查案件对比

单位：件，%

年份	反倾销调查			反倾销措施		
	中国	世界	占比	中国	世界	占比
1995	20	157	12.7	26	119	21.8
1996	43	226	19.0	16	92	17.4
1997	33	246	13.4	33	127	26.0
1998	28	266	10.5	24	181	13.3
1999	42	358	11.7	21	190	11.1
2000	44	298	14.8	30	237	12.7
2001	55	372	14.8	32	171	18.7
2002	51	315	16.2	36	218	16.5
2003	53	234	22.6	41	224	18.3
2004	49	220	22.3	44	154	28.6
2005	56	201	27.9	42	138	30.4
2006	72	204	35.3	38	141	27.0
2007	62	165	37.6	48	108	44.4
2008	76	213	35.7	53	139	38.1
2009	77	209	36.8	56	141	39.7
2010	43	171	25.1	53	123	43.1
2011	49	155	31.6	57	98	58.2

资料来源：世界贸易组织网站，http：//www.wto.org；中国贸易救济网站，http：//www.cacs.gov.cn。

2. 从行业结构看，对华实施反倾销制裁的行业范围不断扩大，多集中于传统劳动密集型行业，机电设备已成为反倾销主要行业

从 1979 年欧盟针对中国出口的糖精钠实施第一起反倾销调查开始，全球范围内针对中国的反倾销力度不断加大，产品涉及 17 类之多。其中，贱金属及其制品（XV Base metals and articles）、化工产品（Ⅵ Products of the chemical and allied industries)、机械和电气设备（XVI Machinery and electrical equipment）、纺织品（XI Textiles and articles）等我国具有比较优势的产品类别遭受到反倾销措施的案件数量最多。中国各类产品遭受反倾销措施的状况如表3-2所示。

表3-2 1995~2011年中国各类产品遭受反倾销措施占世界的比重

单位：件，%

产品类别	中国	世界	占比
I Live animals and products	3	27	11.1
II Vegetable products	12	39	30.8
III Animal and vegetable fats, oils and waxes	0	2	0
IV Prepared foodstuff; beverages, spirits, vinegar; tobacco	3	31	9.7
V Mineral products	8	47	17.0
VI Products of the chemical and allied industries	139	549	25.3
VII Resins, plastics and articles; rubber and articles	43	330	13.0
VIII Hides, skins and articles; saddlery and travel goods	2	2	100
IX Wood, cork and articles; basketware	11	44	25.0
X Paper, paperboard and articles	12	108	11.1
XI Textiles and articles	64	234	27.4
XII Footwear, headgear; feathers, artif. flowers, fans	16	23	69.6
XIII Articles of stone, plaster; ceramic prod.; glass	34	85	40.0
XV Base metals and articles	147	735	20.0
XVI Machinery and electrical equipment	72	222	32.4
XVII Vehicles, aircraft and vessels	12	27	44.4
XVIII Instruments, clocks, recorders and reproducers	12	33	36.4
XX Miscellaneous manufactured articles	40	63	63.5

资料来源：笔者根据WTO统计数据整理。

3. 从国别结构看，发展中国家已超过发达国家，成为对华反倾销重要主体

目前，中国已经成为外国反倾销的主要目标国家。由世界贸易组织的统计数据可知，1995~2011年，我国产品共遭受反倾销调查 853 起，占世界总量的 21%。其中，最终采取反倾销措施的案件 630 起，占世界总量的 24%。① 1995～2011 年，各国（地区）对中国发起的反倾销调查、采取反倾销措施的案件数量及占比见表 3－3。

表 3－3　1995～2011 年中国遭受各国（地区）反倾销情况汇总

单位：件，%

实施国（地区）	反倾销调查	占比 1	反倾销措施	占比 2	占比 3
阿根廷	86	10	63	10	73
澳大利亚	34	4	14	2	41
巴西	49	6	33	5	67
加拿大	28	3	19	3	68
智利	1	0.1	1	0.2	100
哥伦比亚	26	3	14	2	54
埃及	15	2	12	2	80
欧盟	107	13	77	12	72
印度	147	17	120	19	82
印度尼西亚	14	2	7	1	50
以色列	7	1	5	1	71
牙买加	1	0.1	1	0.2	100
日本	1	0.1	1	0.2	100
韩国	23	3	19	3	83
马来西亚	1	0.1	1	0.2	100
墨西哥	31	4	18	3	58
新西兰	9	1	4	1	44
巴基斯坦	10	1	5	1	50
秘鲁	20	2	15	2	75
菲律宾	2	0.2	2	0.3	100
波兰	2	0.2	2	0.3	100
南非	35	4	18	3	51
中国台北	6	1	5	1	83

---

①　笔者根据 WTO 数据整理得到。

实施国（地区）	反倾销调查	占比 1	反倾销措施	占比 2	占比 3
泰国	14	2	7	1	50
特立尼达和多巴哥	2	0.2	2	0.3	100
土耳其	58	7	57	9	98
乌克兰	7	1	7	1	100
美国	107	13	90	14	84
委内瑞拉	11	1	11	2	100
世界	853	100	630	100	74

注：笔者根据 WTO 统计数据整理。其中，占比 1 为实施国（地区）对华反倾销调查案件数量占中国在世界范围反倾销调查案件总量的比重，占比 2 为实施国（地区）对华反倾销措施案件数量占中国在世界范围反倾销案件总量的比重，占比 3 为实施国（地区）对华反倾销措施案件数量占反倾销调查案件数量的比重。

对中国进行反倾销前十位的国家（地区）不仅包括欧盟、美国、加拿大、澳大利亚等发达国家（地区），印度、阿根廷、土耳其、墨西哥、哥伦比亚等发展中国家（地区）也榜上有名。其中，印度已经连续多年成为对华反倾销调查和实施案件数量最多的国家。如图 3 - 1 所示。

4. 从仲裁结果看，超过一半的案件征收超过 100% 的反倾销税率

近年来，针对中国产品的反倾销仲裁结果，超过一半的案件征收了超过 100% 的反倾销税率。① 例如，2003 年，美国对我国出口的糖精钠征收高达 329.33% 的反倾销税；2005 年，新西兰对我国出口的机油滤芯征收 38% ~ 414% 的

① 笔者根据中国贸易救济信息网案件整理，http://www.cacs.gov.cn/cacs/default.aspx。

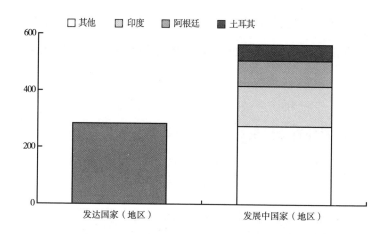

**图 3 - 1 1995~2011 年针对中国产品实施反倾销调查的
国家（地区）分布**

资料来源：世界贸易组织网站；中国贸易救济网站。

反倾销税，征税期 5 年；2011 年，阿根廷对原产于中国的
电加热器征收 138.26% 的反倾销税，为期 5 年。

三 中国对外直接投资管理体系的
框架及存在的问题

本节首先介绍我国对外直接投资管理体系包括的具体内
容和演变的进程，然后，就对外直接投资管理体制中存在的
若干问题进行阐释和分析。

（一）我国对外直接投资管理体系的基本框架

我国对外直接投资管理体制是一个内容广泛、涉及部门
众多的综合框架，涉及外汇管理部门、宏观调控部门、对外

经济管理部门等一系列机构。改革开放 30 余年来，我国的对外直接投资管理体制也经历了从无到有的过程，即由最初的严格控制到渐进式放开，最后逐步建立起一整套对外投资的管理、审批和促进政策措施的体系框架。①

1. 对外直接投资的外汇管理体制

对外直接投资的外汇管理属于资本项目外汇管理的一部分。在 1978 年之前，我国对资本项目实行严格管制。在此之后，中国开始启动渐进的、审慎的资本账户开放。20 世纪 90 年代之前，我国资本项目管理的核心是利用外资问题。90 年代以后，中国政府逐步形成"走出去"战略，此后，逐步对中国企业对外投资放松外汇管制。不过，受到亚洲金融危机的影响，资本项目开放经历了"开放—收紧—再开放"的过程。

对外直接投资的外汇管理体制涉及许多操作性细节。下面主要介绍资金来源审查、利润汇回保证金等方面。

（1）资金来源审查。

我国最早关于境外投资外汇管理的系统文件，是由国务院在 1989 年 2 月批准的《境外投资外汇管理办法》。它形成了我国境外直接投资的初步管理框架，这一框架包括外汇风险审查、资金来源审查、利润汇回保证金等内容。

1994 年 3 月，中国人民银行颁布《结汇、售汇及付汇管理暂行规定》，对资金来源审查进行了更为明确的规定，区分

---

① 李众敏：《中国对外投资管理体制：历史挑战与改革》，中国社会科学院世经政所国际贸易与投资研究系列，Policy Brief No. 09021。

了有创汇能力的境内投资者和没有创汇能力的境内投资者，并设定了对外投资额度与创汇额度的关系。从中看出，当时国家对于境外投资的管理思路，是放宽有创汇能力的企业在一定额度内进行对外投资，且投资额度与企业创汇能力挂钩。

2003年3月，国家外汇管理局颁布《国家外汇管理局关于简化境外投资外汇资金来源审查有关问题的通知》（简称《通知》）对资金来源审查做进一步调整。规定投资主体开展境外投资，需购汇或从境内汇出外汇的，应事前报所辖地外汇分局进行外汇资金来源审查。全部以实物投资的项目、援外项目和经国务院批准的战略性投资项目免除该项审查。

在2009年国家外汇管理局出台的《境内机构境外直接投资外汇管理规定》中，没有再对资金审查做进一步的规定。所以，在资金来源审查方面，2003年3月颁布的《通知》迄今仍然适用。

总体看，在资金来源审查方面，总体变化是外汇管理局各分局的权限越来越大，呈现逐步放权的特点。到目前为止，1000万美元以下的投资项目，都由外汇管理分局进行资金来源审查。根据这一标准，除了央企、大型企业之外的大部分投资项目，外汇使用审批权限其实都在外汇管理分局。

（2）利润汇回保证金与利润缴存制度。

在1989年的《境外投资外汇管理办法》中，对于利润汇回有明确要求。为了确保境外投资企业将利润汇回，要求境外投资企业缴存汇回利润保证金。境内投资者在办理登记时，应当按汇出外汇资金数额的5%缴存汇回利润保证金。

2002 年 11 月，国家外汇管理局颁布《关于清理境外投资汇回利润保证金有关问题的通知》。至此，保证金制度被取消。尽管国家外汇管理局对保证金已不再作要求，但是，境内投资企业仍然要将利润汇回的情况进行备案，并将此作为考核境内投资者（年检）的标准之一。

与利润汇回制度相关的是创汇留成制度。1989 年《境外投资外汇管理办法》规定"境内投资者从境外投资企业分得的利润或者其他外汇收益，自该境外投资企业设立之日起 5 年内全额留成，5 年后依照国家有关规定计算留成"。对于 5 年后的留成办法，国家外汇管理局于 1990 年 6 月颁布的《境外投资外汇管理办法细则》进一步做了补充规定。后来，利润缴存的制度也于 2007 年被取消。

从境外投资企业利润缴存制度的调整中发现，我国政府对于境外投资企业在监管方面也呈现逐步放开的趋势，其制度演变促进了我国政府 90 年代后期形成的"走出去"战略实施，推动了我国对外直接投资的稳步发展。

2. 对外直接投资的行政审批与管理体制

需要说明的是，外汇管理本身就是对外直接投资行政审批与管理体制的一部分，由于其内容比较多，所以，单独进行阐述。下面将介绍除外汇管理部门外，境外投资所需要完成的其他主要审批环节如商务部、发改委等的管辖权限。

（1）商务部的审批。

2009 年之前，商务部门核准境外投资的主要依据是 2004 年 9 月通过的《关于境外投资开办企业核准事项的规定》，以及商务部、国务院港澳办于 2004 年 8 月联合发布的《关于内地企业赴香港、澳门特别行政区投资开办企业核准事项的规定》。

2009 年 3 月，商务部颁布《境外投资管理办法》（简称《办法》），替代了上述两个法规。《办法》是迄今为止商务部对境外投资管理较为全面的法规。其规定，境外投资的经济技术可行性由企业自行负责。而商务部只在以下四种情况下，不予核准企业境外投资行为：a. 危害我国国家主权、安全和社会公共利益，或违反我国法律法规；b. 损害我国与有关国家（地区）关系；c. 可能违反我国对外缔结的国际条约；d. 涉及我国禁止出口的技术和货物。

在上述原则之下，《办法》明确了分属商务部、省级商务部门具体核准范围。此外，《办法》还明确了行政审批的期限要求。根据《办法》的规定，企业对外直接投资最快 3 天可以获得核准，最慢在 40 天左右会得到最终核准的结果。

（2）发改委的审批。

国家发展和改革委员会（简称国家发改委）于 2004 年 10 月出台的《境外投资项目核准暂行管理办法》，是国家发改委对境外投资进行管理的主要依据。国家发改委主要对两类境外投资项目进行核准：资源开发类和大额用汇项目。

根据这一管理办法，国家发改委核准项目的条件为：a. 符合国家法律法规和产业政策，不危害国家主权、安全和公共利益，不违反国际法准则；b. 符合经济和社会可持续发展要求，有利于开发国民经济发展所需战略性资源；符合国家关于产业结构调整的要求，促进国内具有比较优势的技术、产品、设备出口和劳务输出，吸收国外先进技术；c. 符合国家资本项目管理和外债管理规定；d. 投资主体具备相应的投资实力。

与《境外投资项目核准暂行管理办法》相配套的，是国家发改委于 2006 年 7 月发布的《境外投资产业指导政策》和《境外投资产业指导目录》。在这一文件中，明确规定了鼓励类和禁止类境外投资项目。

2009 年 6 月，国家发改委颁布《关于完善境外投资项目管理有关问题的通知》，强调境外投资的信息报送。通知指出：有关企业在项目对外开展实质性工作之前，即境外收购项目在对外签署约束性协议、提出约束性报价及向对方国家（地区）政府审查部门提出申请之前，境外竞标项目在对外正式投标之前，应向国家发改委报送项目信息报告，并抄报国务院行业管理部门。

从这些职能部门管辖范围的变化调整来看，我国政府在境外投资的审批环节也基本呈现放松管制、提高效率的行政特点，并且在产业政策的指导方面发挥重要作用。

3. 对外直接投资的政策支持体系[①]

在"走出去"战略下，我国政府对境内企业境外投资

---

① 关于"走出去"战略的支持政策体系，参考李平、徐登峰《"走出去"战略：制度形成与改革展望》，《国际经济合作》2008 年第 5 期；李众敏《中国对外投资管理体制：历史挑战与改革》，中国社会科学院世经政所国际贸易与投资研究系列，Policy Brief No. 09021。

的鼓励政策包括专项资金支持、基金支持、信贷支持和税收优惠等。

（1）政府专项资金支持。

我国政府先后推出了四项涉及促进境外投资的专项资金扶持政策。一是中小企业"市场开拓专项资金"。2000 年，外经贸部和财政部联合制定《中小企业国际市场开拓资金管理（试行）办法》和《中小企业国际市场开拓资金管理办法实施细则（暂行）》。根据这一办法，中央财政成立了专门的"市场开拓资金"用于支持中小企业开拓国际市场各项活动。2008 年，中央财政共安排 12 亿元用于支持中小企业"走出去"，开展国际经济合作。二是对外经济技术合作专项资金。该资金的支持范围较宽，包括：境外投资，境外农、林和渔业合作，对外承包工程，对外劳务合作，境外高新技术研发平台，对外设计咨询等。另外两项是矿产资源风险勘查专项资金和纺织业"走出去"专项资金。

（2）产业投资和发展基金支持。

为支持中国企业"走出去"，自 1998 年以来，作为我国政策性银行的国家开发银行，与其他国内外机构合资设立了四支产业投资基金，即中瑞合作基金、中国—东盟中小企业投资基金、中国比利时直接股权投资基金以及中非发展基金。

（3）信贷与融资支持。

2004 年 10 月，国家发改委、中国进出口银行等颁布了《关于对国家鼓励的境外投资重点项目给予信贷支持的通知》。根据通知，对于重点项目每年安排"境外投资专项贷款"，享受出口信贷优惠利率。

2005 年 8 月，为推动非公有制企业"走出去"开拓国际市场，商务部和中国出口信用保险公司做出了《关于实行出口信用保险专项优惠措施支持个体私营等非公有制企业开拓国际市场的通知》。同时，国家外汇管理局颁布《关于调整境内银行为境外投资企业提供融资性对外担保管理方式的通知》，将融资性对外担保由原来逐笔报外管局审批，改为余额控制，在一定程度上促进了对外投资便利化。

（4）税收规范政策。

2007 年 3 月，国家税务总局发布了《关于做好我国企业境外投资税收服务与管理工作的意见》。但是，这一政策很大程度上是为了给予进行境外投资的境内企业提供税收服务，并不包含任何的税收优惠。

（二）我国对外直接投资体制存在的问题

自 1978 年改革开放始，尤其是 2009 年以来，我国对外直接投资管理体制取得了长足的进展。通过放权、减少管制、缩减审批期限等，有关部门对境外投资的管理体制已经发生巨大的变化。尽管如此，我国的对外投资仍然处于起步阶段，加上资本项目开放还处于试验阶段；所以，在对外直接投资管理体制方面仍存在一些明显的局限。①

---

① 李众敏：《中国对外投资管理体制：历史挑战与改革》，中国社会科学院世经政所国际贸易与投资研究系列，Policy Brief No. 09021。

1. 行政审批缺乏效率和透明度

在我国对外直接投资管理体制中，审批程序的烦琐复杂、周期长、效率低等问题较为突出，至今仍没有得到妥善解决。企业在对外投资过程中，一般要经过包括国家外汇管理局、商务部、国家发改委等多个部门的审批。如果是国有企业、保险公司，则还要多一些。多头审批与层层审批往往耗时过长，增加了项目的成本。有时企业在一个项目所能得到的政策优惠（财政、税收、信贷），可能刚刚抵偿审批所花的费用。

同时，行政审批的决策依据、裁决结果、期限尚缺乏透明度。例如，在各个部委出台的对外投资管理法规中，都明确了不予审批的情况。但是，在多个法规中，都出现了"其他不予审批的情况"。这使得行政审批的决策依据变得模糊。此外，由于通过审批与未通过审批的原因和结果都不予公开，尤其是未通过审批的原因没有公开发布平台，致使许多计划进行对外投资的企业并不清楚其中的规则。而且，除了商务部明确规定了行政审批的期限之外，其他部门的审批时间并不确定。

2006 年，世界银行旗下的国际金融公司（IFC）、外国投资咨询服务机构（FIAS）和多边投资担保机构（MIGA）曾经发布《中国对外投资公司调查报告》。报告显示[1]，绝

---

[1] 《很多对外投资机会被审批"折腾"没了》，《中国青年报》2006 年 6 月 20 日。

大多数被调查企业认为以下因素妨碍了企业对外直接投资：对获得外汇的限制（58%）、行政程序数量（48%）、办理程序所需的时间（44%）、有限的资金来源（35%）、合规成本（24%）。从这项调查中发现，企业抱怨最多的五项因素中，涉及行政审批和体制性因素的共计4项。行政审批与外汇管制已经成为阻碍我国企业对外投资的重要原因。

另外，行政部门对海外投资项目的审核、监管没有做到全程追踪，产生重前轻后、虎头蛇尾的现象。各个部门都非常重视对外投资项目的前置审批，而对事后监管却基本上处于放任自流或无能为力的状态。商务部对境外加工贸易项目的年审流于形式，且基本下放到省一级外经贸厅（委）；财政部对境外国有资产的管理基本上也是有名无实，其监管的条例及措施可操作性较差，如若真正实施，监管成本将极为昂贵；而计委只负责前置审批，设置上就没有事后监管的职能。因此，这导致对外投资立项建议书及可行性研究报告的审批只是流于形式。

这种多头审批、层层审批的结果导致无论是企业还是职能部门都付出高昂的制度成本，造成"管得越多，管得越差"，与我国加入WTO后减少行政审批，并对行政审批制度进行改革精简的指导思想不符。因此，需要按照"合法、合理、效能、责任、监督"的原则，加快政府职能转变与制度创新，建立起与社会主义市场经济体制相适应的对外投资行政审批制度。

2. 政策支持体系尚待完善

2009 年，在贸促会进行的一项调查①中，涉及"对外投资企业期待的政策支持"这一问题。其排序为：提供专项资金使用和信贷上的支持（56%）、简化对外投资管理程序（55%）、保护投资者和境外资产的合法权益（50%）、完善鼓励境外投资的外汇管理制度（35%）、完善鼓励境外投资的税收制度（35%）、签订投资保护协定，避免双重征税（33%）。

对比世界银行和中国贸促会发起的两项调查，我们发现：对外投资的资金来源已经成为制约我国企业对外投资的首要因素，而在 2006 年，这一因素排序第四，并不是当时最为重要的阻碍因素。这一企业调查结果与笔者实证研究所揭示的主要观点大体相符。可能由于企业所有制、经营规模等诸多方面原因，目前我国很多企业在国际化进程中受到较为严重的融资约束和信贷配给约束。

另外，现行的对外直接投资管理体制主要是针对国有企业对外直接投资设计的，实践中我国政府对民间对外投资的促进政策体系可能存在缺位现象。在我国对外投资实践中，有不少国内私企、中外合资企业也在从事对外直接投资活动，而制度、政策设计上并未对其进行合理的定位。这些企业的对外投资除少部分以戴"红帽"的方式按正常手续办

① 中国国际贸易促进委员会：《中国企业对外投资现状及意向调查报告》，2009 年 4 月。

理对外投资审批手续外，更多的则是规避制度约束、自行对外投资，更谈不上享有政府信贷支持和税收优惠的激励。

由此可见，我国对外直接投资政策支持体系的促进效率、力度要进一步落实，支持覆盖面需进一步扩大。对国内各种所有制类型的企业一视同仁，给予国民待遇，使各类企业均能平等地参与国际竞争已经成为亟待解决的问题。

3. 对外直接投资政策缺乏独立性

目前，我国现行对外直接投资政策实际上只是与对外投资有关的战略性贸易政策的有机组成部分，受制于贸易政策的战略意图，缺乏相对独立性。

从我国对外直接投资管理体制的沿革来看，一开始就是以战略性贸易政策为核心设计对外直接投资管理体制。从对外直接投资导向上看，以扩大出口为首要目标，推动市场多元化的开展。特别是 20 世纪 90 年代末，境外加工贸易管理促进政策的出台，更明确了这类对外直接投资对带动出口的作用。应该承认，这种投资体系的设计对于我国经济实力和贸易实力的累积曾起到重要推动作用。

然而，进入 21 世纪以来，随着我国对外贸易的高速增长，我国企业所面临的外部环境日益严峻，贸易摩擦不断升级。在这种新形势下，继续推行促进贸易的对外投资政策不是明智之举，可能导致我国在国际经济合作中陷于被动地位。国内劳动力成本攀升引发的传统竞争优势削弱，加之其他新兴经济体如印度、巴西、俄罗斯等竞争伙伴的快速发展，也迫使我们必须立足长远，冷静思考未来 20 ~ 50 年中国产业总体布局的调整以及企业核心竞争优势的提升等一系列关键性问题。

四　本章小结

本章对中国的人民币汇率制度的演变历程以及贸易摩擦产生的原因、现状及特点等方面进行了回顾和阐述。

在人民币汇率制度演变史上，两次"汇改"事件是最重要的转折点和分水岭。在第一节，笔者以分别发生在1994年和2005年的两次"汇改"为界，将人民币汇率制度改革历程大致划分为三个阶段："1994年以前的人民币汇率制度"，"1994～2005年的人民币汇率制度"及"2005年以后的人民币汇率制度"，并就每一阶段的改革背景和汇率制度的主要特点进行阐述。从宏观经济层面看，人民币汇率形成机制改革促进了经济结构调整、产业优化升级和经济增长方式的转变，培育了金融机构自主定价和风险管理的能力，增强了宏观经济运行的灵活性。不过，转型中亦有阵痛。因为人民币升值意味着出口收入减少、利润及竞争力下降，给我国出口企业带来一定挑战。

针对我国对外贸易摩擦的现状，本章在第二节分别考察近年来我国遭受的关税和非关税（特别是反倾销）壁垒方面的现状和特点。其中，在阐述我国企业面临的关税壁垒现状时，笔者强调尽管对外出口面临的关税壁垒逐步降低，但这并不意味着可以轻视关税对贸易的影响，因为其他贸易救济措施最终可以借助关税的形式得以施加。在阐释我国企业面临的非关税壁垒现状时，笔者归纳总结出几点重要特征：第一，作为 WTO 规则所允许的一种非关税贸易保护措施，反倾销在我国面对的贸易救济调查中，在当前和今后都将占据重要地位；第二，从行业结构看，对华反倾销调查范围不断加宽，多数集中于传统劳动密集型行业，机电设备已成为反倾销主要行业；第三，从国别结构看，发展中国家已超过发达国家，成为对华反倾销重要主体；第四，从仲裁结果看，超过一半的案件征收超过 100% 的反倾销税率。

第四章　文献综述：汇率、贸易壁垒对对外直接投资诱发机制研究

本章主要就贸易壁垒、汇率对一国对外直接投资的传导效果和诱发机制展开综述。随后，就贸易壁垒与汇率之间变化关系的研究文献进行阐释和评述，以便建立完整的贸易壁垒、汇率、对外直接投资三者之间的相互联系。

一　贸易壁垒对对外直接投资的诱发机制研究

对外直接投资，实际上是资本要素的跨国流动行为；而贸易壁垒，是采取各种措施（包括关税、非关税等）以阻碍商品的跨国流动。历史上，关于贸易限制性措施对一国对外直接投资的影响作用的研究文献比较丰富。

（一）国外研究文献

关于贸易限制性措施对一国对外直接投资的跨越行为诱

发作用研究，最初沿着"规避关税壁垒"（tariff-jumping）这条脉络展开。

　　Mundell[1] 指出，在两个国家、两种要素、两种产品（2×2×2）的模型下，当国外对资本密集型产品提高进口关税时，要素价格均等化趋势将改变贸易结构，"激发"本国资本要素跨境流动，从而形成（要素）对外投资"替代"最初的（产品）贸易行为。结合 H－O 模型发现，资本流动的障碍产生贸易，而贸易的障碍则引发资本的流动。

　　除了跨越现实的贸易障碍，学者们进一步认识到，企业对外投资的动机，还包括化解潜在的贸易保护威胁。20世纪80年代中期以后，跨国公司为了规避贸易保护主义国家设置的壁垒而在当地建立生产线，维持乃至提高市场份额。通过对日本企业在美国的大量投资行为深入研究之后，Bhagwati 首次提出"补偿性投资"的概念，[2] 随后经过理论界修正、完善而最终形成[3]。补偿性投资描述的是贸易和投

①　Mundell, R., "International trade and factor mobility," *American Economic Review*, Vol. 47, 1957.

②　Bhagwati J. N., "Protectionism: old wine in new bottles," *Journal of Policy Modeling*, Vol. 7, issue 1, 1985.

③　Dinopoulos, E., "Quid pro quo foreign investment," *Economics and Politics*, Vol. 1, 1989; Dinopoulos, E., "Quid pro quo foreign investment and VERs: A Nash bargaining approach," *Economics and Politics*, Vol. 4, 1992; Dinopoulos, Elias, and Kar-Yiu Wong, "Quid pro quo foreign investment and policy intervention," In K. A. Koekkoek and C. B. M. Mennes, eds., *International trade and global development: Essays in honor of Jagdish Bhagwati* (London: Routledge. Economic Report of the President. 1994); （转下页注）

资之间的一种跨期关系，即从第一期看，厂商对外投资可能会导致损失，不是利润最大化的最优选择。但是，第一期的投资会减少或者避免第二期来自东道国政府的贸易保护威胁所带来的损失，进而从第二期的出口增加中获得补偿。

　　简言之，不同于关税引致的投资，补偿性投资的诱发动机是减少东道国采取保护措施的可能性，是为了化解关税（tariff-defusing）。Azrak 和 Wynne[1] 研究1976～1992 年美国对日本产品发起的、且很有可能采取最终制裁的反倾销案件对日本对美制造业季度对外投资的影响。但是，他们仅仅获得了支持贸易保护威胁"诱发"对外投资的有限支持。在 Azrak 和 Wynne 研究的基础上，Blonigen 和 Feenstra[2] 利用1981～1988 年 4 位标准产业分类（SIC）数据，对日本制造业在美国的投资是否符合补偿性投资理论进行实证检验。其研究结果不仅在产业数据层面验证了补偿性投资存

（接上页注③）Bhagwati, J. N. , "Quid pro quo Foreign Investment and Welfare : A Political Economy Theoretical Model," *Journal of Development Economics*, Vol. 27, 1987；Bhagwati, J. N. , " Elias Dinopoulos, and Kar-Yui Wong, Quid pro quo Foreign Investment," *American Economic Review*, Vol. 82, No. 2, 1992.

[1] Azrak, P. and Wynne K. , " Protectionism and Japanese Direct investment in Trade Commission, The United States," *Journal of Policy Modeling*, Vol. 17, No. 3, 1995.

[2] Blonigen, B. and Feenstra, R. , "Protectionist threats and foreign direct investment," in R. C. Feenstra, eds. , *Effect of U. S. Trade Protection and Promotion Policies* (Chicago：University of Chicago Press for the National Bureau of Economic Research, 1997) .

在的可能性，还有效区分了关税规避和威胁规避两种动机下的对外投资效应。

随着关税与贸易总协定几轮回合谈判的展开，以关税为代表的贸易壁垒逐步淡化，以反倾销为代表的非关税壁垒措施使用则愈加频繁。因此，近些年学界开始关注针对非关税（特别是反倾销）壁垒跨越（Antidumping-jumping）行为的研究。例如，Helpman① 认为，如果一个企业拥有"企业特定资产"（Firm-specific Assets），例如创新性营销能力、企业管理优势和生产相关的先进研发能力等，当它面临诸如运输成本、关税、反倾销等不利因素的影响足够大时，它便会进行"跨国渗透"（Cross-country Penetration），从而产生规避型对外投资行为。Belderbos 等② 进一步沿着Helpman 的研究结论向前发展，将跨国企业拥有的成本优势进行分类，一类是以创新性营销能力、企业管理优势和先进研发能力为代表的企业特定（Firm-specific）成本优势，另一类是以要素禀赋、相对廉价的劳动力为代表的区位特定（Location-specific）成本优势。他们指出，企业特定成本优势能够随着企业对外投资行为转移到东道国市场上，而区位特定成本优势则不能转移。并且，在欧盟反倾

---

① Helpman E., "A simple Theory of International Trade with Multinational Corporations," Journal of Political Economy, Vol. 92, 1984.

② Belderbos R., Vandenbussehe H. and Veesulers R., "Antidumping Duties, Undertakings, and Foreign Direct Investment in the EU," *European Economic Review*, Vol. 48, 2004.

销司法实践背景下，建立三阶段摸型，从生产成本优势是否可转移的角度研究了外国出口商跨越反倾销的对外直接投资的边界条件、反倾销政策对欧盟的福利效应等。他们认为，规避反倾销要求出口商的成本优势至少是部分可以转移的。如果成本优势完全不可转移，则无论进口国采取何种反倾销措施，都不会导致跨越反倾销的对外投资形成。Blonigen 等[1]采用事件研究法（event study）分析反倾销裁决引致的 FDI 对美国国内企业利润的影响。他们发现，当不存在引致 FDI 时，反倾销裁决会给美国国内企业平均带来超过 3% 的异常所得（abnormal gains）；但如果存在引致 FDI 时，这种异常所得在统计意义上就会变得不显著，甚至会被抵消。

贸易摩擦加剧是否会刺激 FDI？许多经验研究持肯定态度，认为企业会通过在目标市场投资的方式，减少贸易保护对自身的冲击。例如，Burton 和 Saelens[2] 研究了日本企业通过先出口再在当地建立生产线的方式，打开并维持美国和西欧彩电市场的经济活动。他们的经验研究表明日本企业在美、欧当地建立生产线的直接投资行为是遭受东道国贸易壁垒（尤其是有秩序销售协定 OMA）所做出的防御性

---

[1] Blonigen, B., Tomlin K. and Wilson W., "Tariff-jumping FDI and Domestic Firms' Profits," *The Canadian Journal of Economics*, Vol. 37, No. 3, 2004.

[2] Burton, F. N. & F. H. Saelens, "Trade Barriers and Japanese Foreign Direct Investment in the Colour Television Industry," *Managerial and Decision Economics*, Vol. 8, 1987.

反应。Culem[1] 认为市场规模、经济增长率和关税壁垒共同影响了美国 1969～1982 年对欧洲经济共同体五个成员国（德国、法国、英国、荷兰和比利时）的直接投资行为。20 世纪 90 年代中期，日本、欧盟企业在美国进行大量投资规避贸易壁垒的案例也证实了这种激励作用的存在。[2] Barrel 和 Pain [3] 从国家层面利用日本制造业 1980～1991 年在美、欧共体成员国投资的面板数据研究发现，市场规模和劳动成本差异，能够显著地影响企业通过 FDI 实现反倾销壁垒跨越。Belderbos[4] 首次从企业层面检验了反倾销威胁对 FDI 的引致效应，样本选取遭受欧盟和美国反倾销调查的日本 36 种电子产品，结果发现，反倾销裁决显著地刺激了日本企业对外投资。

既然贸易壁垒的投资跨越效应存在可能，那么，哪些国家更容易引发这种跨越行为呢？很多学者进一步深入研究具体的诱发机制。一种是制度风险假说。认为在面临贸易壁垒的情况下，企业对外投资在区位选择上往往着重考

---

[1]　Culem, C. G., "The Locational Determinants of Direct Investments among Industrialized Countries," *European Economic Review*, Vol. 32, 1988.

[2]　Blonigen B., "Tariff Jumping Antidumping Duties," *NBER Working Paper* No. 7778, Cambridge, 2000.

[3]　Barrel R. and Pain N., "Trade Restraints and Japanese Direct Investment Flows," *European Economic Review*, Vol. 43, 1999.

[4]　Belderbos, Rene., "Antidumping and Tariff Jumping: Japanese Firms' DFI in the European Union and United States," *Weltwirtschaftliches Archiv*, Vol. 133, 1997.

虑东道国的制度风险。一般来说，政治的稳定性、内外部冲突、法律规则和腐败程度以及政府办公效率对跨越壁垒型 FDI 流入具有决定性作用。[①] 还有一种是人力资本假说。那些人力资本充裕的国家往往更容易吸引投资跨越贸易壁垒。[②]

不过，也有学者的理论和经验研究认为这种 FDI 的"诱发效应"可能不具备一般规律性。首先，在理论层面上，一些学者先后提出质疑。例如，Dinopoulos 认为，由于搭便车（free rider）问题的存在，规避型对外投资可能并不会发生。特别是，如果一个企业通过直接投资来规避东道国的贸易壁垒，那么，出口到相同市场的同一行业的所有企业都有可能获利。搭便车问题越严重，规避型对外投资行为发生的可能性就越小，甚至可能不会发生。另外，投资国政府可能不鼓励企业对外投资，因为这可能"掏空"国内经济实力。[③] 再者，在不完全契约条件下，贸易壁垒和"诱发性"FDI 之间

① Busse M. and Hefeker C., "Political Risk, Institutions and Foreign Direct Investment," *European Journal of Political Economy*, Vol. 23, 2007; Vadlamannati K. C., Tamazian, A., Irala, L. R., "Determinants of Foreign Direct Investment and Volatilities in South East Asia Economies," *Journal of the Asia Pacific Economy*, Vol. 14, 2009.

② Noorbakhsh, F., Paloni, A., Youssef, A., "Human Capital and FDI Inflows to Developing Countries : New Empirical Evidence," *World Development*, Vol. 29 (9), 2001.

③ Blonigen B. and Ohno Y., "Endogenous Protection, Foreign Direct Investment and Protection-Building Trade," *Journal of International Economics*, Vol. 46, 1998.

可能存在"非线性"变动关系。即使在较低的贸易壁垒下，由于母公司具备较大的讨价还价能力，跨国企业也会产生对外投资的冲动，从而"冲淡"了这种诱发效应。其次，经验层面的研究文献也有持否定观点的。例如，很多学者基于韩国企业层面数据进行的实证分析显示，针对东道国反倾销威胁以及进口限制措施，韩国制造业企业的对外投资行为并不敏感。①

还有一点值得注意，针对 Belderbos "反倾销裁决显著加剧日本企业对外投资"的经验结论，Blonigen ② 在数据处理方法上提出质疑。他认为，Belderbos 将很多重要的数据观测值"剔除"，可能导致估计结果出现系统性偏差。因此，他利用 1980 ~ 1990 年遭受美国反倾销指控的所有企业和产品的全样本数据（既包括日本企业，也包括非日本企业；既包括发达国家企业，也包括发展中国家企业）进行研究。研究发现，企业对外直接投资的壁垒跨越动机是相当温和的。他指出，真正影响企业从事 FDI 最重要的诱因来自

① Ottaviano I. P. and Turrini A., "Distance and Foreign Direct Investment When Contract is Incomplete," *Journal of the European Economic Association*, Vol. 5 (4), 2007; Jeon Y. D., "The Determinants of Korean Foreign Direct Investment in Manufacturing Industries," *Weltwirtschaftliches Archiv*, Vol. 128, 1992; Dent C. M. and Randerson C., "Korean and Japanese Foreign Direct Investment in Europe: An Examination of Comparable and Contrasting Patterns," *Asian Studies Review*, Vol. 20 (2), 1996.

② Blonigen, B. A., "Tariff-Jumping antidumping duties," *Journal of International Economics*, Vol. 57 (1), 2002.

企业自身特性，如国际化经验，而不是反倾销壁垒等外部约束。日、韩企业面临贸易壁垒威胁时之所以做出差异化选择，Blonigen 给出的解释是，发达国家（如日本）的企业具有良好的跨国管理经验，面临反倾销威胁时，对外直接投资不失为一种重要的战略性选择；而发展中国家（如当时的韩国）企业普遍缺乏跨国管理经验，跨越壁垒型对外投资行为可能就是一种不现实的选择。

（二）我国学者的研究

近年来，我国在全球跨国投资流动中的地位正在发生变化，对外投资大国的地位逐渐形成。[①] 与此同时，围绕中国的贸易摩擦亦不断升级。在这种背景下，国内学者纷纷就我国贸易壁垒诱发型对外直接投资行为进行了理论和实证层面的探索。胡麦秀就贸易壁垒与对外直接投资的关系和发展动向从理论和实证角度进行较为全面的综述研究。[②] 杜凯、周勤的经验研究表明，以反倾销和关税为代表的贸易壁垒正在成为刺激中国企业对外投资的重要诱发因素。[③] 杜凯等在贸易壁垒约束下，对中国企业国际化商

---

① 江小涓：《中国对外开放进入新阶段：更均衡合理地融入全球经济》，《经济研究》2006 年第 3 期；李辉：《经济增长与对外投资大国地位的形成》，《经济研究》2007 年第 2 期。

② 胡麦秀：《贸易保护壁垒与对外直接投资关系的最新研究进展》，《宁夏社会科学》2006 年第 1 期。

③ 杜凯、周勤：《中国对外直接投资：贸易壁垒诱发的跨越行为》，《南开经济研究》2010 年第 2 期。

业模式的选择问题进行了理论探讨，① 他们认为，一方面，只有当节省的反倾销税和关税成本可以抵消对外投资增加的边际生产成本时，企业才有动力通过 FDI 来跨越反倾销壁垒；另一方面，企业对外直接投资将促进东道国社会福利的提升，这也是东道国愿意吸纳国外企业 FDI 的重要原因。孙文莉、伍晓光在汇率冲击、贸易壁垒与"诱发性"对外直接投资框架下进一步提出，企业区位—特定成本优势的程度越小，行业内产品差异化程度越高，就越容易"诱发"对外直接投资的跨越行为。② 沈国兵基于国际分工模式研究美国对华反倾销对我国内向 FDI 和外向 FDI 的影响效果。他指出，面对来自美国的反倾销诉讼，中国企业并没有积极地采取直接对美投资的方式来"正面"规避美国对华反倾销壁垒，而是选择避税地"迂回"地进行外向投资。③ 这表明，我国企业确实具备应对贸易壁垒的对外投资"跨越"动机。然而，也有学者不认同中国企业对外投资具有显著的规避贸易壁垒特征。例如，黄静波、张安民通过实证研究发现，我国对外直接投资与出口、能源需求、GDP、制造业 RCA 指数呈显著正相关，但是，我国对外直接投资并没有显著表现出规避贸易壁垒的特点，经济制度的变化对企业"走出去"的影响也并不显著。[1]

二 汇率因素对对外直接投资的影响作用研究

企业对外投资决策的外部"诱发性"因素具有多样性。事实上，汇率的不确定性相当于一种贸易壁垒，对 FDI 也会产生影响。自 20 世纪 70 年代布雷顿森林体系解体以来，汇率波动对实体经济包括对外投资的影响逐渐变得不可忽视。Aliber 最早提出货币区位优势理论，以此解释国际资本流动的成因及影响因素，并提出国际直接投资通常从汇率坚挺的国家向货币疲软的国家流动。不过，汇率水平及波动作为影响 FDI 的因素进入人们的研究视野则要稍晚些。[2] Dornbusch 和 Fischer 建立贸易模型，首次分析可能存在的汇率对 FDI 的影响。[3] 此后，随着国际直接投资的兴起及汇率在国际经济联系中扮演的角色日益重要，二者的关系研究也得到广泛关注。

---

[1] 黄静波、张安民：《中国对外直接投资主要动因类型的实证研究——基于 1982 ~ 2007 年的外向投资流向分析》，《国际经贸探索》2009 年第 7 期。

[2] Aliber, R. Z., *A Theory of Foreign Direct Investment* (Toucan Bridge: MIT Press, 1973).

[3] Dornbusch, R., Fischer, S. "Exchange Rate and the Current Account," *American Economic Review*, Vol. 70, No. 5, 1980.

（一）国外研究文献

针对反倾销壁垒下的贸易模式，围绕汇率对 FDI 的作用研究，国外学者一般分两条线索展开：第一，研究汇率水平对 FDI 的影响，即货币的升值或贬值对 FDI 的影响；第二，研究汇率波动性对 FDI 的影响。下面将分别加以评述。

1. 汇率水平对 FDI 的效应

Cushman[1] 提出"生产成本效应"理论，从跨国公司海外投资的目的入手分析汇率对 FDI 的影响。他认为，跨国公司海外扩张的直接目的是利用东道国的要素禀赋优势，将生产转移到生产成本相对较低的国家，增加企业国际竞争力。笔者构建一个两期的动态模型，在研究汇率水平影响的同时还加入预期汇率波动因素的考虑。他认为，当投资母国的货币相对于东道国货币升值时，意味着投资国在东道国的相对成本下降。从而使东道国更吸引直接投资的流入。为更好地说明这一理论，他还实证研究 1963～1978 年美国对英国、德国、法国、加拿大和日本 5 个国家的直接投资数据，发现美元贬值显著地减少了美国对外投资总量。

---

① Cushman, D. O., "Real Exchange Rate Risk, Expectations and the Level of Direct Investment," *Review of Economics and Statistics*, Vol. 67 (2), 1985; Cushman, D. O., "Exchange Rate Uncertainty and Foreign Direct Investment in the United States," *Review of Economics and Statistics*, Vol. 124 (2), 1988.

Cushman 进一步划分了市场导向型 FDI 和出口导向型
FDI，认为汇率的"生产成本效应"取决于跨国公司进入东
道国的目的。在市场导向型 FDI 下，跨国公司进入东道国是
为了占领该国市场，同时在东道国进行生产和销售活动。此
时，东道国货币相对于投资国升值，就意味着东道国的购买
力增加，且通常情况下贸易壁垒还会加强，虽然生产成本相
对上升，但是销售额也会上升。所以，东道国货币的升值对
跨国公司作出对外直接投资的决策是有利的；在出口导向型
FDI 下，跨国公司进入东道国是为了降低生产成本，其产品
主要是用于出口，生产地和销售地是分割的。此时，东道国
货币的升值会降低出口产品的竞争力，从而影响到跨国公司
的盈利能力，因而会抑制直接投资的进入。反之，东道国货
币的贬值会相对降低生产成本，提高跨国公司的盈利能力，
从而刺激直接投资的进入。

"生产成本效应"理论特别适用于早期发达国家对发展
中国家的投资，但是它不能解释近年来全球跨国并购和发达
国家间双向投资的蓬勃发展。

Froot 和 Stein 从跨国公司自身资产变化的角度考察汇
率水平变动对国际投资规模的影响，构建不完全资本市场
模型，并提出"相对财富效应"理论。① 他们认为：东道
国货币贬值，将导致跨国公司以东道国货币衡量的资产名

---

① Froot, K., Stein, J., "Exchange Rates and Foreign Direct Investment, An Imperfect Capital Market Approach," *Quarterly Journal of Economics*, Vol. 106 (4), 1991.

义值相对增加，投资项目预期收益率上升。因此，东道国货币贬值能够提高外国投资者的相对财富，有利于他们选择并购东道国企业，从而促进企业扩大在东道国的投资规模。

Froot 和 Stein 进一步通过1973～1988年的年度和季度数据验证美元贬值与 FDI 流入规模之间的相关性。结果发现，美元贬值显著地刺激流入美国的直接投资数量。随后，他们进一步对外国直接投资的行业细分，研究表明所有行业的外国直接投资规模均与美元贬值水平呈负相关。这些实证检验结果支持了上述观点。

此外，Goldberg 和 Klein 采用1979～1995年美国和日本对东南亚国家的直接投资数据，分别验证了汇率在日本向东南亚、美国向拉丁美洲的对外直接投资中的影响作用。[1] 研究结果显示，日元和美元的升值确实都能提高日本和美国向这些国家的直接投资。后续一些实证检验结果也支持"本国货币升值促进东道国 FDI 的流入"观点。例如，Dewenter，Harris 和 Ravenscraft，Baek 和 Okawa 及 Tardio 和 Dias 等的观点。[2]

---

[1]　Goldberg, L. S. , Klein, M. W. , "Foreign Direct Investment: Trade and Real Exchange Rate Linkages in Southeast Asia and Latin America," *NBER Working Paper No. 6344*, 1997.

[2]　Dewenter, Kathryn L. , "Do Exchange Rate Changes Drive Foreign Direct Investment?" *Journal of Business*, Vol. 68 (3), 1995; Harris, R. S. , & Ravenscraft, D. , "The Role of Acquisitions in Foreign Direct Investment: Evidence from the U. S. Stock （转下页注）

　　不过，也有一些学者的实证分析结果显示，汇率对直接投资的影响并不显著。例如，Ray，Healy 和 Palepu 以及 Mann 都得出汇率对直接投资的影响不显著的结论。[①] Stevens 在 Froot 和 Stein 的研究基础上，将时间序列期间进行扩展，但他得出的结论对后者的支持是弱的，[②] 这表明 Froot 和 Stein 结论的解释力是有局限的。

　　Blonigen 提出"特定资产并购"理论。[③] 他认为，东道国货币的贬值将促进并购类型 FDI 的流入。原因是企业并购往往包括被并购企业特定资产的所有权转移，在东道国货币

（接上页注②）Market," *Journal of Finance*, Vol. 46. Is. 3, 1999; Baek, In-Mee & Okawa Tamami. , " Foreign Exchange Rates and Japanese Foreign Direct Investment in Asia," *Journal of Economics and Business*, Vol. 53, 2001; Tardio, Giuseppe & Dias, Rui. , "Foreign Direct Investment Model: Empirical Evidence Form Italy," *Journal of Financial Management & Analysis*, Vol. 16, 2003.

①　Ray, Edward John. , "The Determinants of Foreign Direct Investment in the United States: 1979 – 1985," In R. Feenstra, eds. , *Trade Policies for International Competitiveness* (Chicago: University of Chicago Press, 1989); Healy, Paul M. and Palepu, Krishna G. , "International Corporate Equity Associations: Who, Where and Why?" In Kenneh A. Froot, eds. , *Foreign Direct Investment* (Chicago: University of Chicago Press, 1993); Mann, Catherine L. , "Determinants of Japanese Direct Investment in U. S. Manufacturing Industries," *Journal of International Money and Finance*, Vol. 12, 1993.

②　Stevens, Guy V. G. , "Exchange Rates and Foreign Direct Investment: A Note," *Journal of Policy Modeling*, Vol. 20 (3), 1998.

③　Blonigen, B. , "Firm-Specific Assets and the Link Between Exchange Rates and Foreign Direct Investment," *American Economic Review*, Vol. 87 (3), 1997.

贬值背景下，特定资产的转移能够给并购企业带来货币之外的其他利益。通过对 1975～1991 年日本对美国投资行为的考察，他发现，随着美元对日元贬值的持续发生，流入美国的日本企业并购形式的对外投资活动呈现上升趋势。而且，这种效应在以无形资产为主的行业里更为显著，比如制造业，尤其是高科技产品。

总体上，"生产成本效应"理论能够解释早期的发达国家对发展中国家的投资行为。不过，随着全球跨国并购和发达国家之间双向投资的蓬勃发展，这种理论的解释力具有一定的局限性。"相对财富效应"理论和"特定资产并购"理论能够解释汇率水平变化对跨国并购型对外投资的影响，但并不适用于绿地投资类型对外投资行为的解释。

2. 汇率波动对 FDI 的效应

围绕汇率波动和不确定性对 FDI 的影响作用，许多学者从理论和经验层面做了大量相关研究，基于不同研究的理论基础、企业的投资动机、厂商的风险偏好假设等方面存在区别，相关的研究结论存在显著差异。

传统的"风险规避"理论认为，东道国汇率频繁或剧烈波动对于风险厌恶型投资者具有负面效应。因此，东道国汇率波动越大，意味企业投资风险越大，因而越是阻碍 FDI 的流入。[1] 同时，汇率波动增加了交易的不确定性，进

---

① Wilhborg, C., *Currency Risks in International Financial Market*（Princeton NJ: International Finance Section, Department of Economics, Princeton University, 1978）.

而降低了生产者长期扩大生产能力的积极性。[①] Benassy-Quere 等通过 OECD 国家 1984～1996 年对 42 个发展中国家直接投资的分析研究，验证了汇率风险对 FDI 具有显著负面影响，发现东道国较高的汇率波动对 FDI 流入起到阻碍作用，汇率波动幅度过大会抵消东道国货币贬值对 FDI 的吸引。[②]

　　Goldberg 和 Kolstad 认为，"风险规避"理论比较适合解释汇率波动在短期对 FDI 进入东道国的影响，而多数的 FDI 进入东道国是一种长期投资行为。[③]由于"风险规避"理论解释汇率波动对 FDI 的影响作用存在缺陷，一些学者基于"实物期权"理论分析汇率不确定性对 FDI 的影响。该理论认为，FDI 作为一种实物期权，可以用来规避汇率风险，使风险中立型跨国企业实现预期利润最大化目标。汇率波动带给跨国公司把生产转移到低成本地区的机会，同时，也提高了跨国公司对外直接投资和改变各地分支机构规模的期权价值。按照这一理论，汇率波动将促进东道国 FDI

① Zis G., Papadopoulos A., "A Monetary Analysis of the Drachma/ECU Exchange Rate Determination 1980 - 1991," *Empirical Economics*, Vol. 25 (4), 2000.
② Benassy-Quere A., Fontagne L., Lahreche-Revil A., "Exchange Rate Strategies in the Competition for Abstracting Foreign Direct Investment," *Journal of the Japanese and International Economics*, Vol. 15 (2), 2001.
③ Goldberg, L. S., Kolstad, C. D., "Foreign Direct Investment, Exchange Rat Variability and Demand Uncertainty," *International Economic Review*, Vol. 36 (4), 1995.

流入。

Goldberg 和 Kolstad 构建一个两期模型说明跨国公司如何在汇率波动的情况下进行决策，考虑将生产基地设置于国内还是国外。他们通过 1978～1991 年美国对加拿大、英国和日本直接投资的季度数据验证，发现汇率波动确实能够促进本国对外直接投资。Kampa 采用期权定价模型，研究汇率波动和 FDI 的关系。假定企业拥有 FDI 这一实物期权，一旦选择 FDI 就会产生一笔沉没成本，从而影响企业预期利润。通过分析发现，汇率波动越剧烈，越能诱使企业执行 FDI 决策。

Sung 和 Lapan 在风险中性的假设条件下，考察了汇率波动对处于垄断竞争地位的跨国公司直接投资决策的影响。[①] 他们认为，当汇率波动幅度较小时，跨国公司此时进行海外投资的成本过大，大多数股东不会赞成较高投资成本换来较低收益率的企业决策；相反，当汇率波动空间较大时，FDI 作为一种实物期权，可以用来规避汇率风险，使跨国企业实现预期利润最大化目标。此时，对外投资机会变得珍贵，企业由于投资期权价值的上升增强国际竞争力，FDI 数量随之增加。当汇率波动足够大时，跨国公司同时在国内和国外进行生产会增加其预期利润水平；在汇率不确定条件下，跨国公司在本国和国外同时投资相对于

---

① Sung H., Lapan H. E., "Strategic Foreign Direct Investment and Exchange-rate Uncertainty," *International Economic Review*, Vol. 41 (2), 2000.

只在本国投资具有战略性优势。因为这样决策不仅可以提高其预期利润，还能在策略上赋予跨国公司更多的竞争优势。

与上述观点不同，Dixit 和 Pindyck 同样基于期权分析方法，提出"汇率波动阻碍 FDI"的看法。[①] 他们认为，由于沉淀成本的存在，导致投资具有不可逆性（irreversibility）和迟滞效应（hysteresis）。作为衡量投资环境的一种风险信号，东道国汇率的不确定性对直接投资决策的影响是选择投资的时机（timing of investment）。在他们看来，跨国公司获得在东道国投资权的行为，与期货市场上的期权行为类似。行使权利的条件是预期收益必须大于企业投资成本。而东道国汇率波动幅度加剧显然增加投资风险，降低预期收益，阻碍理性投资者选择海外投资行为。因此，汇率不确定性的增加会对 FDI 择机进入东道国市场产生显著的负面影响。

总之，关于汇率波动程度对 FDI 的影响，学术界存在不同的研究观点。其主要原因是，如果假定跨国企业为风险厌恶型，那么，规避汇率风险自然成为合理选择。东道国汇率波动导致的不确定性必然减少 FDI 流入；如果把 FDI 看做一种期权，东道国汇率波动程度越高，这种期权价值越高，因此就越能够促进 FDI 流入。

---

① Dixit, A. , Pindyck, R. , *Investment under Uncertainty*, （Princeton: Princeton University Press, 1994）.

近年来，结合新新贸易理论的特点，Lin 等在 Dixit-Pindyck 理论框架基础上开始考察 FDI 动机的异质性。[1] Russ[2] 在 Devereux 和 Engel[3] 基础上，将企业异质性、沉没成本概念植入动态随机一般均衡模型（DSGE），将汇率作为内生变量考察其波动对 FDI 的影响作用。这些新的理论成果从另一个侧面回答了汇率波动对直接投资产生不同影响结论的成因。

（二）我国学者的研究

就中国汇率水平与 FDI 关系的研究而言，近些年的实证检验结论不一。一些学者认为，人民币汇率的水平变动对中国 FDI 流入（总体上看）影响甚微。例如，崔柏烈针对韩国企业对华投资的研究，认为汇率变动对于韩国中小企业对华直接投资决策的影响较大。[4] 不过，安永方等通过分析 1986~1996 年韩国企业对华的跨国并购行为，得出汇率变

① Lin C., Chen M. and Rau, H., "Exchange Rate Volatility and the Timing of Foreign Direct Investment: Market SeekingVersusExport-Substituting," available from URL: http://www.apeaweb.org/confer/sea06/papers/chen－lin－rau.pdf, 2006.

② Russ, K., "The Endogeneity of the Exchange Rate As A Determinant of FDI: A Model of, Entry and Multinational Firms," *Journal of International Economics*, Vol. 71, 2007.

③ Devereux, M. B. and Engel C., "The Optimal Choice of Exchange Rate Regime: Price-Setting Rules and Internationalized Production," *NBER Working Paper*, No. 6992, 2001.

④ 崔柏烈：《韩国企业对中国直接投资的决定因素分析》，《南开经济研究》2002 年第 5 期。

动对韩国企业跨国并购的影响并不显著的结论。① 龚秀国沿着 Froot 和 Stein 的分析思路，对 1995 年以来流入我国 FDI 的总体情况划分为合资（包括合作）和独资两类进行研究。② 研究表明，人民币汇率的所谓"财富效应"只能影响中外合资型 FDI，独资型 FDI 则主要受我国独特的区位优势影响。人民币汇率对合资型外商直接投资企业具有影响作用，对独资企业的影响则不大。张浩楠对我国 1998～2004 年度数据分析后认为，人民币汇率对我国 FDI 流入的影响作用十分有限，并存在"门槛效应"，即汇率水平预期以外的变动才能引发 FDI 流量的变化。③

不过，也有学者认为，人民币汇率的水平变动对中国 FDI 流入（或流出）产生显著影响。例如，邢予青采用日本在中国 9 个制造业部门对外直接投资的数据分析了汇率和日本对华投资之间的关系。④ 研究结果显示，人民币对日元实际升值是日本在中国建立出口导向型 FDI 减少的重要原因。于津平运用 1981～2000 年日本、美国对我国制造业外商直接投资数据进行分析，发现在中国吸收的出口导向型 FDI

---

① 安永方、戈亚群、刘益：《韩国企业跨国并购的实证分析》，《管理科学》2003 年第 8 期。
② 龚秀国：《人民币汇率与外来直接投资》，《上海财经大学学报》2004 年第 1 期。
③ 张浩楠：《人民币实际有效汇率对 FDI 流入的影响》，《金融理论与实践》2008 年第 5 期。
④ 邢予青：《汇率与日本对华直接投资》，《世界经济文汇》2003 年第 8 期。

中，劳动密集型企业对汇率波动的敏感系数要大于资本密集型企业。根据我国的贸易结构特征，进一步提出人民币贬值将促进我国 FDI 总量的流入。[①] 王凤丽利用协整分析和误差修正模型，从长期和短期的角度分析了人民币汇率和我国对外直接投资之间的均衡关系。[②] 研究结果发现，不论长期还是短期，人民币升值对中国对外直接投资均有促进作用，而汇率波动对中国对外直接投资的作用不显著。

有学者先后考察汇率波动和不确定性对 FDI 进入中国市场的影响作用。其中，徐康宁、王剑分析 1983～2000 年影响美国对华直接投资的决定性因素，提出人民币汇率的稳定对吸引美国 FDI 的重要性。[③] 许志英在货币区位优势理论基础上，研究了跨国公司对外直接投资模式的选择如何受到汇率波动的影响。[④] 周华借鉴最优货币区理论中的一般均衡分析框架，将汇率设定为内生货币因素的变量，进而考察其对 FDI 的影响机理，调和局部均衡分析所得出的各种矛盾观点。[⑤] 他指出，汇率是促进还是抑制 FDI 主要取决于影响汇率波动的具体因素。于津平将汇率变化对 FDI 的影响细分为

① 于津平：《汇率变化如何影响外商直接投资》，《世界经济》2007 年第 4 期。
② 王凤丽：《人民币汇率对我国对外直接投资的影响》，《经济问题探索》2008 年第 3 期。
③ 徐康宁、王剑：《美国对华直接投资决定因素分析（1983～2000）》，《中国社会科学》2002 年第 5 期。
④ 许志英：《外汇风险与跨国公司 FDI 模式选择》，《国际商务研究》2003 年第 2 期。
⑤ 周华：《汇率不确定性与 FDI》，《南方经济》2006 年第 10 期。

四个效应：财富效应（影响跨国公司的所有权优势形成），需求效应（改变市场规模，影响东道国的区位优势），成本效应（影响东道国的区位优势形成）及风险效应（增加投资预期收益的不确定性）。王自峰采用外销比例指标，构建理论模型以研究汇率波动对不同类型 FDI 的影响。[1] 并且使用跨国投资数据对人民币汇率的波动效应进行实证检验。研究表明，当东道国货币升值时，处于技术优势的跨国公司增加对外直接投资；人民币升值和扩大人民币汇率的波动区间，对市场导向型 FDI 的影响较弱，却能够显著促进出口导向型 FDI。毛日昇、郑建明指出，人民币实际汇率不确定性对我国吸收的出口导向型 FDI 和市场导向型 FDI 择机进入产生显著的负面影响作用。同时，人民币实际汇率升值促进市场导向型 FDI 择机进入，汇率预期升值对出口导向型 FDI 择机进入会产生显著的负面影响。[2]

三　汇率与反倾销的关系研究

回到现实世界考证，我们发现：很多国家在各自的历史发展阶段，都几乎相继经历了本币升值、对外贸易摩擦加剧、大举对外投资等一系列事件。日本、德国都是很典型的

---

[1]　王自峰：《汇率水平与波动程度对外国直接投资的影响》，《经济学》2009 年第 4 期。

[2]　毛日昇、郑建明：《人民币实际汇率不确定性与外商直接投资择机进入》，《金融研究》2011 年第 5 期。

例子。目前，中国等新兴经济体正处于这样的过程之中。德勤在近来的一篇研究报告中已经开始注意这三个经济行为之间因果关系的解析，并提醒中国企业家尽量避免出现与日本企业同样的错误，做出更明智的选择。① 历史在提醒人们，这三种经济行为的依次出现可能蕴含某种规律。贸易摩擦可能引发新一轮汇率摩擦，而汇率摩擦又可能促使贸易摩擦进一步加剧，两者共同作用于对外投资。

以往的国内外文献针对汇率、贸易摩擦因素对中国对外直接投资流出影响机制的研究大都是分别展开的，并没有刻意将这三个事件放在一起综合考察，挖掘其间完整的逻辑链条。而这一点正是本研究欲探索尝试之处。贸易摩擦和汇率摩擦，作为国家之间利益冲突的两种表现形式，② 其间是否存在着某种关联被以往大多数从事 FDI 研究的学者所忽略？关于汇率对贸易摩擦（反倾销）的影响，现有的文献认为汇率主要从两个方面影响反倾销判定。

一方面，如 Feinberg 认为的那样，进口国货币的贬值使得出口商品以出口国货币表示的价格下降。③ 由于美国商务部是根据这个价格来裁定是否存在"倾销行为"，因此，进口国货币贬值使其更有可能被判定存在倾销行为。他进一步

---

① 德勤研究报告：《日本企业在美投资——中国可借鉴的经验》，Columbia University and Deloitte Development LLC，2008。

② 何琼隽：《从贸易摩擦到汇率系统的国家利益冲突》，《财经科学》2009 年第 6 期。

③ Feinberg, R., "Exchange Rates and Unfair Trade," *Review of Economics and Statistics*, Vol. 71 (4), 1989.

考察美国四个主要进口来源地汇率变动对美国反倾销起诉的影响。结果发现，汇率变动确实构成决定反倾销起诉案件数量的一个重要因素，美元相对于出口国货币贬值会显著增加反倾销诉讼的可能性。

另一方面，Knetter 和 Prusa 考察了美国、欧盟、加拿大和澳大利亚等传统的反倾销使用国的诉讼与宏观经济因素间的关系，并得出与 Feinberg 相反的结论：美元升值将导致反倾销诉讼增加。①他们认为，由于进口国货币的贬值会使得进口数量下降，这样进口商品所占比例也随之下降，使得更不容易判定进口国贬值会对本国产业造成实质性损害。此时，进口国货币的贬值将可能减少反倾销起诉数量。

实际上，这两篇文献②分别从裁定倾销和裁定损害两个角度来判定汇率对反倾销的影响作用，因而从本质上说并不矛盾。③ 一般讲，本国货币贬值将减小实质性损害的可能性，但使得外国企业被指控低于公平价值定价的可能性增加。在反倾销司法裁定中更偏重于"倾销"还是"损害"，最终决定汇率贬值会增加还是减少反倾销起诉的数量。

---

① Knetter, M., Prusa, T., "Macroeconomic Factors and Antidumping Filings: Evidence from Four Countries," *Journal of International Economics*, Vol. 61, 2003.

② Feinberg, R., "Exchange Rates and UnfairTrade," *Review of Economics and Statistics*, Vol. 71 (4), 1989; Knetter, M., Prusa, T., "Macroeconomic Factors and Antidumping Filings: Evidence from Four Countries," *Journal of International Economics*, Vol. 61, 2003.

③ 王孝松、谢申祥：《中国究竟为何遭遇反倾销——基于跨国跨行业数据的分析》，《管理世界》2009 年第 12 期。

另外，Irwin 通过经验分析发现，美国反倾销事件年度数量的直接决定因素是失业率、汇率、进口渗透以及 20 世纪 80 年代初反倾销法及其管理机构的变化。[1] 其中，实际汇率变动似乎与长期内反倾销起诉的数量没有系统的相关性。不过，至少从短期看，美元汇率升值会导致更多的反倾销起诉。

沈国兵选取 1978 ～ 2006 年作为样本期，运用负二项计数模型，研究美国对中国反倾销的宏观决定因素及其影响效应。[2] 研究发现，美元对人民币实际汇率升值，会导致美国对中国更多的反倾销起诉（其影响系数为 0.0335，通过 1% 显著水平）。据此，在中美贸易之间，若美元对人民币实际汇率变动率上升，则会在双边贸易中增加美国对中国产品提起反倾销调查的可能性。潘圆圆[3]运用 1981 ～ 2006 年世界范围内遭受反倾销起诉最多的五个国家（地区）[4] 的面板数据，采用泊松回归和负二项式回归两种模型估计这些国家（地区）遭受反倾销的数量与宏观变量之间的关系。结果发现，如果这五个国家货币贬值 100%，将使其遭受反倾销起诉的次数增加 300% ～ 390%。由于这五个国家每年平均被

---

① Irwin, D., "The Rise of US Anti-dumping Activity in Historical Perspective," *The World Economy*, Vol. 28 (5), 2005.

② 沈国兵：《美国对中国反倾销的宏观决定因素及其影响效应》，《世界经济》2007 年第 11 期。

③ 潘圆圆：《中国被反倾销的实证分析》，《经济科学》2008 年第 5 期。

④ 包括中国、美国、韩国、日本和中国台湾。

反倾销起诉约 26 次，这意味着如果实际汇率贬值 100% 将使得被反倾销起诉的平均数量增加约 78 ~ 100 次。这与 Prusa 的结论基本一致：由于反倾销裁定中更容易判定存在"损害"，出口国货币的贬值将增加被起诉的可能性。[①]

四　本章小结

本章分三节展开汇率、贸易摩擦"诱发"对外直接投资机理研究的文献综述。

在第一节，主要按照时间顺序考察贸易壁垒对对外直接投资行为的影响作用。首先，从"规避关税壁垒"的对外投资动机入手，过渡到"化解潜在的贸易保护威胁"，提出"补偿性投资"的概念。最后，重点落到以反倾销为代表的非关税壁垒跨越行为的研究。

随着国际直接投资的兴起及汇率在国际经济联系中扮演的角色日益重要，越来越多的学者关注汇率在"诱发"企业对外直接投资行为过程中所扮演的角色。在第二节，分两个层次考察汇率因素对对外直接投资的影响作用。第一，研究汇率水平对 FDI 的影响，即货币的升值或贬值对 FDI 的影响。总体上，"生产成本效应"理论能够解释早期的发达国家对发展中国家的投资行为，但是，随着全球跨国并购和发

[①] Prusa, T., "Anti-Dumping: A Growing Problem in International Trade," *The World Economy*, Vol. 28 (5), 2005.

达国家之间双向投资的蓬勃发展，这种理论的解释力越来越弱。"相对财富效应"理论和"特定资产并购"理论只能解释汇率变化对跨国并购型对外投资的影响，但并不适用于绿地投资类型对外投资行为的解释。第二，研究汇率波动性及不确定性对 FDI 的影响。一般认为，"风险规避"理论比较适合解释汇率波动在短期对 FDI 进入东道国的影响，而多数的 FDI 进入东道国是一种长期投资行为。由于"风险规避"理论解释汇率波动对 FDI 的影响作用存在缺陷，一些学者基于"实物期权"理论分析汇率不确定性对 FDI 的影响。该理论认为，FDI 作为一种实物期权，可以用来规避汇率风险，使风险中立型跨国企业实现预期利润最大化目标。汇率波动带给跨国公司把生产转移到低成本地区的机会，同时，也提高了跨国公司对外直接投资和改变各地分支机构规模的期权价值。按照这一理论，汇率波动将促进东道国 FDI 流入。

贸易摩擦和汇率摩擦，作为国家之间利益冲突的两种表现形式，其间是否存在着某种重要的关联被以往大多数从事 FDI 研究的学者所忽略。在第三节，本章就汇率对贸易摩擦（反倾销）的影响展开文献述评。代表性文献主要有两篇，实际上，这两篇文献[1]分别从裁定倾销和裁定损害两个角度

---

[1] Feinberg, R., "Exchange Rates and UnfairTrade," *Review of Economics and Statistics*, Vol. 71（4）, 1989; Knetter, M., Prusa, T., "Macroeconomic Factors and Antidumping Filings: Evidence from Four Countries," *Journal of International Economics*, Vol. 61, 2003.

来判定汇率对反倾销的影响作用，因而从本质上说并不矛盾。一般来讲，本国货币贬值将减小实质性损害的可能性，但使得外国企业被指控低于公平价值定价的可能性增加。在反倾销司法裁定中更偏重于"倾销"还是"损害"，最终决定汇率贬值会增加还是减少反倾销起诉的数量。

最后，顺便要提及一点。本章主要从贸易摩擦、汇率视角对"影响一国直接投资的传导机制和效果"进行综述。实际上，近年来，也有很多文献从其他视角对这一问题展开讨论。因研究重点不在于此，故不做全面地展开，只针对中国对外直接投资的行为解读作简单文献总结。关于其他影响中国企业对外直接投资因素的研究，国内很多学者从制度的视角给予剖析，大都认为制度因素是影响目前中国企业"走出去"的关键因素①。吴先明等则从创造性资产的视角

---

① 阎大颖、洪俊杰、任兵：《中国企业对外直接投资的决定因素：基于制度视角的经验分析》，《南开管理评论》2009 年第 6 期；韦军亮、陈漓高：《政治风险对中国对外直接投资的影响——基于动态面板模型的实证研究》，《经济评论》2009 年第 4 期；张建红、周朝鸿：《中国企业走出去的制度障碍研究——以海外收购为例》，《经济研究》2010 年第 6 期；高建刚：《经济一体化、政治风险和第三国效应对中国 FDI 的影响》，《财贸研究》2011 年第 5 期；阎大颖：《制度距离、国际经验与中国企业海外并购的成败问题研究》，《南开经济研究》2011 年第 5 期；洪俊杰、黄薇、张蕙、陶攀：《中国企业走出去的理论解读》，《国际经济评论》2012 年第 4 期；陈岩、马利灵、钟昌标：《中国对非洲投资决定因素：整合资源与制度视角的经验分析》，《世界经济》2012 年第 10 期；郑展鹏、刘海云：《体制因素对我国对外直接投资影响的实证研究——基于省际面板的分析》，《经济学家》2012 年第 6 期；蒋冠宏、蒋殿春：《中国对发展中国家的 （转下页注）

入手，解释缺乏垄断优势的中国企业对发达国家的逆向投资行为。① 他提出，在动态的全球竞争条件下，具有局部竞争优势的中国企业可以通过逆向投资，寻求并获得未来竞争的关键性资源。刘慧、綦建红在实物期权视角下对中国对外直接投资企业投资时机的选择进行研究。② 研究发现，中国较高的真实利率会降低企业立即投资的概率；企业的生产率越高、东道国经济增长越快，越会促进企业尽早投资；较少的企业出口经验、较大的东道国投资风险与两国较远的地理距离均会增大企业投资的不确定性，导致企业推迟投资；国有企业和东部地区企业的投资延迟时间长于非国有企业和中西部地区企业。一些学者从新经济地理视角对影响我国企业对外投资的区位因素进行分析。③ 还有一批学者侧重考察研

（接上页注①）投资——东道国制度重要吗？》，《管理世界》2012 年第11 期；宗芳宇、路江涌、武常岐：《双边投资协定、制度环境和企业对外直接投资区位选择》，《经济研究》2012 年第 5 期；胡兵、邓富华：《腐败距离与中国对外直接投资——制度观和行为学的整合视角》，《财贸经济》2014 年第 4 期；岳咬兴、范涛：《制度环境与中国对亚洲直接投资区位分布》，《财贸经济》2014 年第 6 期；方英、池建宇：《政治风险对中国对外直接投资意愿和规模的影响——基于实物期权和交易成本的视角》，《经济问题探索》2015 年第 7 期。

① 吴先明：《中国企业对发达国家的逆向投资：创造性资产的分析视角》，《经济理论与经济管理》2007 年第 9 期。

② 刘慧、綦建红：《中国企业如何选择对外直接投资的延迟时间？——基于实物期权的视角》，《经济学家》2015 年第 4 期。

③ 谢杰、刘任余：《基于空间视角的中国对外直接投资的影响因素与贸易效应研究》，《国际贸易问题》2011 年第 6 期；张慧：《新经济地理视角下我国对外直接投资区位分布的国别差异研究》，《现代财经》2014 年第 6 期；郑展鹏：《中国区域对外直接投资的空间效应研究——基于空间计量面板数据的分析》，《经济问题探索》2015 年第 7 期。

究影响中国对外直接投资的区位选择因素①。另外，近来国内学者先后运用我国行业、企业层面数据检验 Melitz 等学者提出的新新贸易理论框架所预测的结论。② 应该说，他们的研究视角更多是侧重企业生产效率与国际化路径选择之间的关系验证。

---

①　孙俊：《中国 FDI 地点选择的因素分析》，《经济学》（季刊）2001 年第 3 期；杨大楷：《我国企业 FDI 的区位选择分析》，《世界经济研究》2003 年第 1 期；程惠芳、阮翔：《用引力模型分析中国对外直接投资的区位选择》，《世界经济》2004 年第 11 期；阮翔、赵建华：《从引力空间模型看对外直接投资区位选择》，《世界经济研究》2004 年第 2 期；项本武：《东道国特征与中国对外直接投资的实证研究》，《数量经济技术经济研究》2009 年第 7 期；王建、栾大鹏：《成本、禀赋与中国制造业对外直接投资——基于扩展 KK 模型的分析》，《世界经济研究》2013 年第 1 期；陈景华：《中国 OFDI 来源的区域差异分解与影响因素——基于 2003～2011 年省际面板数据的实证研究》，《数量经济技术经济研究》2014 年第 7 期。

②　李春顶：《出口贸易、FDI 与我国企业的国际化路径选择——新新贸易理论模型扩展及我国分行业企业数据的实证研究》，《南开经济研究》2009 年第 2 期；田巍、余淼杰：《企业生产率和企业"走出去"对外直接投资：基于企业层面数据的实证研究》，《经济学》（季刊）2012 年第 1 期。

第五章 汇率、贸易摩擦"诱发"对外直接投资的理论分析

通过第四章文献述评我们发现，历史上有很多文献研究贸易摩擦、汇率如何"诱发"一国企业对外直接投资的跨越行为。不过，理论界以往的大多数研究并没有注意将这三个事件放在一起综合考察，深入挖掘其间完整的逻辑链条。针对汇率、贸易摩擦因素对对外直接投资的诱发机制研究大都是分别展开的。另外，多数研究往往视贸易摩擦、汇率为外生变量，没有进一步考察是什么因素导致贸易摩擦加剧。回到现实世界考证发现：这种做法可能忽略一些重要的逻辑联系。很多国家在各自的历史发展阶段，都几乎同样地相继出现本币升值、对外贸易摩擦加剧、大举对外投资等一系列经济现象。日本、德国都是很典型的例子。当前，作为新兴经济体的中国等国也正处于这样的过程之中。

本章尝试从货币的视角入手，将汇率、贸易壁垒两个政策约束内生化，并将它们与"诱发性"对外直接投资置于

同一个理论框架下，揭示其背后的综合传导路径和影响效应。本章结构如下：首先，给出动态一般均衡框架；其次，在该框架下，就货币冲击下各种因素对两个投资意愿度的影响效应及传导机制进行讨论；再次，给相关参数和初始态赋值，对货币冲击下对外直接投资意愿度的调整路径及效应进行模拟验证；最后，对本章的主要结论进行小结。

一 理论框架的建立

本章重点考察在货币冲击下，以反倾销为代表的贸易壁垒措施如何影响一国企业的对外投资行为。具体地，如何影响两个衡量对外投资意愿度的结构指标"对外投资/出口"以及"对外投资/吸收外资"。

（一）理论假设

假设有两个国家：本国和外国，企业数量分别为 n 和 n^*。本国拥有 n 个企业，其中，n_H 企业产品内销，n_T 企业产品对外出口，n_F 企业对外投资；同样地，外国拥有 n^* 个企业，其中，n_H^* 企业产品内销，n_T^* 企业产品对外出口，n_F^* 企业从事对外投资。根据 Melitlz 的观点，效率低的企业往往采取内销方式服务国内市场，效率较高的企业采取出口或对外投资方式服务外部市场。

货币冲击下两国企业做出产品定价调整。同时，内销价格与出口价格的差异可能引发东道国政府征收相应幅度的反

倾销税 A 和 A^*。货币冲击可能引发汇率的波动和反倾销税的征收与调整，进而影响企业未来一期的收益和成本。在这些因素的共同作用下，两国企业根据期望利润最大化原则，分别做出下一期经营方式（内销/出口/对外投资）的决策。图 5 - 1 给出内销、双向贸易和双向投资的两国模型。

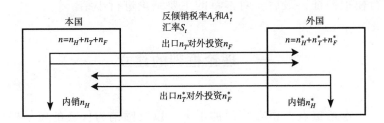

图 5 - 1　内销、双向贸易和双向投资模型

（二）一般均衡分析

1. 消费者

假定存在典型消费者，在一生效用最大化下进行每期的消费选择。消费者的效用函数为

$$\max_{\{C_t, L_t, M_t, B_{t+1}\}} E_t \left(\sum_0^\infty \beta^t \cdot \left(\frac{1}{1-\rho} \cdot C_t^{1-\rho} + x \cdot \ln \left(\frac{M_t}{P_t} \right) - k \cdot L_t \right) \right) \quad (1)$$

$$s.t. \ P_t \cdot C_t + M_t + \sum_{(z^{t+1} \mid z^t)} q(z^{t+1} \mid z^t) \cdot B(z^{t+1}) = w_t \cdot L_t + \pi_t + M_{t-1} + B_t$$

$$(2)$$

其中，β 为主观贴现率，ρ 为消费者跨期替代弹性的倒数。消费者 t 期的效用取决于 t 期的总消费 C_t、总劳动数量 L_t 和拥有的实际货币供给余额 M_t / P_t。预算约束中 M_t、B_t 和

π_t 分别表示 t 期拥有的货币资产、债券资产数量及利润报酬，$q(z^{t+1} \mid z^t)$ 表示 t 期债券价格。

本国企业生产的消费品种连续分布在（0，1），外国企业生产的消费品种连续分布在（1，2）。两国企业分别从事内销（H）、出口（T）或对外投资（F），涉及外国的变量用 * 表示。

本国消费者的总消费为满足不变替代弹性（Constant Elasticity of Substitution，CES）特征的国内外各种消费品的加权集总。即

$$C_t = \left(\int_0^{n_H} c_{H(i,t)}^{\frac{\mu-1}{\mu}} \cdot di + \int_{1+n_H^*}^{1+n_T^*} c_{T(i,t)}^{*\frac{\mu-1}{\mu}} \cdot di + \int_{1+n_T^*}^{1+n_F^*} c_{F(i,t)}^{*\frac{\mu-1}{\mu}} \cdot di \right)^{\frac{\mu}{\mu-1}}$$

（3）

本国物价指数为本国市场上消费的国内外产品价格的加权集总。即

$$P_t = \left(\int_0^{n_H} p_{H(i,t)}^{1-\mu} \cdot di + \int_{1+n_H^*}^{1+n_T^*} p_{T(i,t)}^{*1-\mu} \cdot di + \int_{1+n_T^*}^{1+n_F^*} p_{F(i,t)}^{*1-\mu} \cdot di \right)^{\frac{1}{1-\mu}} \quad (4)$$

其中，μ 为本国市场的需求价格弹性。

根据一阶条件得出各产品的需求函数及工资、实际货币余额、债券价格表达式如下

$$c_{H(i,t)} = \left(\frac{p_{H(i,t)}}{P_t} \right)^{-\mu} \cdot C_t \qquad c_{H(i,t)}^* = \left(\frac{p_{H(i,t)}^*}{P_t^*} \right)^{-\mu^*} \cdot C_t^*$$

$$c_{T(i,t)} = \left(\frac{p_{T(i,t)}}{P_t} \right)^{-\mu^*} \cdot C_t^* \qquad c_{T(i,t)}^* = \left(\frac{p_{T(i,t)}^*}{P_t^*} \right)^{-\mu} \cdot C_t$$

$$c_{F(i,t)} = \left(\frac{p_{F(i,t)}}{P_t} \right)^{-\mu^*} \cdot C_t^* \qquad c_{F(i,t)}^* = \left(\frac{p_{F(i,t)}^*}{P_t^*} \right)^{-\mu} \cdot C_t$$

$$w_t = k \cdot P_t \cdot C_t^\rho \qquad\qquad w_t^* = k \cdot P_t^* \cdot C_t^{*\rho}$$

$$\frac{M_t}{P_t} = \frac{x \cdot C_t^\rho}{1 - \beta \dfrac{C_t^\rho \cdot P_t}{C_{t+1}^\rho \cdot P_{t+1}}} = \frac{x \cdot C_t^\rho}{1 - \beta\theta} \qquad \frac{M_t^*}{P_t^*} = \frac{x \cdot C_t^{*\rho}}{1 - \beta \dfrac{C_t^{*\rho} \cdot P_t^*}{C_{t+1}^{*\rho} \cdot P_{t+1}^*}} = \frac{x \cdot C_t^{*\rho}}{1 - \beta\theta^*}$$

$$q(z^{t+1} \mid z^t) = dt = \beta \frac{C_t^\rho \cdot P_t}{C_{t+1}^\rho \cdot P_{t+1}} = \beta\theta \qquad 0 < \beta\theta < 1$$

$$q^*(z^{t+1} \mid z^t) = dt^* = \beta \frac{C_t^{*\rho} \cdot P_t^*}{C_{t+1}^{*\rho} \cdot P_{t+1}^*} = \beta\theta^* \qquad 0 < \beta\theta^* < 1$$

假定货币供给满足 $\dfrac{M_t}{M_{t-1}} = (1 + \varphi) \cdot e^{\varepsilon_t}$，$\varphi$ 表示货币惯常速度，ε_t 表示货币供给扰动项，各期扰动项 ε_t 独立同分布，且 $\varepsilon_t \sim N(0, \sigma^2)$。

根据 Russ 的分析，实际汇率 $R_t = \dfrac{C_t^\rho}{C_t^{*\rho}}$，名义汇率 $s_t =$

$\dfrac{C_t^\rho \cdot P_t}{C_t^{*\rho} \cdot P_t^*} = \dfrac{M_t \cdot (1 - \beta\theta)}{M_t^* \cdot (1 - \beta\theta^*)}$，名义汇率表示为本币/外币，本币名义升值，则 $s_t \downarrow$；本币名义贬值，则 $s_t \uparrow$。

2. 厂商

以本国厂商为例，内销企业的生产函数为 $c_{H(i,t)} = \phi_{H(i)} L_{H(i,t)}$。其中，$\phi_{H(i)}$ 为本国内销企业 i 的生产效率，$L_{H(i,t)}$ 为本国内销企业 i 在第 t 期雇用的劳动数量，$c_{H(i,t)}$ 为内销企业 i 在第 t 期生产的产品数量。出口和对外投资情况下企业生产函数与之相同。f、f^* 分别为本国及外国企业在国内生产所需投入的固定成本，f_{MNE}、f_{MNE}^* 分别为本国及外国企业对外投资所需的固定成本。可变成本部分在两国都只考虑劳动成本投入。

本国厂商内销、出口及对外直接投资下的利润函数分

别为

$$\pi_{H(i,t)} = p_{H(i,t)} \cdot c_{H(i,t)} - w_t \cdot L_{H(i,t)} - f \tag{5}$$

$$\pi_{T(i,t)} = s_t \cdot p^*_{T(i,t)} \cdot c^*_{T(i,t)} - w_t \cdot L_{T(i,t)} - f - s_t \cdot$$
$$(\tau^* + A^*_{(i,t)}) \cdot p^*_{T(i,t)} \cdot c^*_{T(i,t)} \tag{6}$$

$$\pi_{F(i,t)} = s_t \cdot p^*_{F(i,t)} \cdot c^*_{F(i,t)} - s_t \cdot w^*_t \cdot L_{F(i,t)} - s_{t-1} \cdot f_{MNE} \tag{7}$$

其中，$A^*_{(i,t)}$ 表示外国对出口企业 i 在第 t 期征收的反倾销税。本书假定，外国对出口企业征收反倾销税的幅度等于该企业出口国外市场上一期的售价比内销售价低廉的幅度。当计算的倾销幅度大于某一水平 $\bar{A}^*$ 时，外国才会启动反倾销措施。否则，$A^*_{(i,t)} = 0$。需要说明的是，由于假定企业在内销、出口、对外投资三种模式选择上不存在交叉性，为方便出口企业倾销幅度的计算，引入本国"代表性"内销企业（其生产率为内销企业平均生产率 $\bar{\phi}_H$）的定价作为外国征收反倾销税的参照依据。

$$A^*_{(i,t)} = \frac{\bar{P}_{H(t-1)} - s_{t-1} \cdot P_{T(i,t-1)}}{\bar{P}_{H(t-1)}} > \bar{A}^* \tag{8}$$

厂商在 $t-1$ 期做定价决策，决定采用何种模式实现 t 期的利润最大化。其一阶条件分别为

$$\frac{\partial E_{t-1}(dt \cdot \pi_{H(i,t)})}{\partial p_{H(i,t)}} = 0$$

$$\frac{\partial E_{t-1}(dt \cdot \pi_{T(i,t)})}{\partial p_{T(i,t)}} = 0$$

$$\frac{\partial E_{t-1}(dt \cdot \pi_{F(i,t)})}{\partial p_{F(i,t)}} = 0$$

其中，$dt = \beta \cdot \dfrac{P_{t-1} \cdot C_{t-1}^{\rho}}{P_t \cdot C_t^{\rho}}$，$dt$ 为客观贴现率。

3. 一般均衡

将消费者效用最大化一阶条件代入厂商利润最大化一阶条件中，得到一般均衡时 t 期本国企业 i 内销、出口及直接投资模式下的产品市场价格分别为

$$
\begin{aligned}
p_{H(i,t)} &= \frac{\mu}{\mu - 1} \cdot \frac{1}{\phi_{H(i)}} \cdot \frac{E_{t-1}(dt \cdot w_t \cdot C_t)}{E_{t-1}(dt \cdot C_t)} \\
&= \frac{\mu}{\mu - 1} \cdot \frac{1}{\phi_{H(i)}} \cdot \frac{k \cdot (1 - \beta\theta)}{x} \cdot \frac{E_{t-1}(M_t^{\frac{1}{\rho}})}{E_{t-1}(M_t^{\frac{1}{\rho}-1})}
\end{aligned} \tag{9}
$$

$$
\begin{aligned}
p_{T(i,t)} &= \frac{\mu^*}{\mu^* - 1} \cdot \frac{1}{\phi_{T(i)}} \cdot \frac{1}{1 - \tau^* - A_{(i,t)}^*} \cdot \frac{E_{t-1}(dt \cdot w_t \cdot C_t^*)}{E_{t-1}(dt \cdot s_t \cdot C_t^*)} \\
&= \frac{\mu^*}{\mu^* - 1} \cdot \frac{1}{\phi_{T(i)}} \cdot \frac{1}{1 - \tau^* - A_{(i,t)}^*} \cdot \frac{k \cdot (1 - \beta \cdot \theta^*)}{x} \cdot \frac{E_{t-1}(M_t^{*\frac{1}{\rho}})}{E_{t-1}(M_t^{*\frac{1}{\rho}-1})}
\end{aligned} \tag{10}
$$

$$
\begin{aligned}
p_{F(i,t)} &= \frac{\mu^*}{\mu^* - 1} \cdot \frac{1}{\phi_{F(i)}} \cdot \frac{E_{t-1}(dt \cdot s_t \cdot w_t^* \cdot C_t^*)}{E_{t-1}(dt \cdot s_t \cdot C_t^*)} \\
&= \frac{\mu^*}{\mu^* - 1} \cdot \frac{1}{\phi_{F(i)}} \cdot \frac{k \cdot (1 - \beta \cdot \theta^*)}{x} \cdot \frac{E_{t-1}(M_t^{*\frac{1}{\rho}})}{E_{t-1}(M_t^{*\frac{1}{\rho}-1})}
\end{aligned} \tag{11}
$$

三种模式下的本国企业产品定价可以理解为考虑期望、折现后的边际成本基础上的加成。消费需求弹性 μ 和 μ^* 越大，厂商的市场势力越弱，"加成"越小，价格越低；生产效率 ϕ 越高，"加成"越小，价格越低。这里的"加成"系数，内销模式为 $\dfrac{\mu}{\mu - 1} \cdot \dfrac{1}{\phi_{H(i)}}$，出口模式为 $\dfrac{\mu^*}{\mu^* - 1} \cdot \dfrac{1}{\phi_{T(i)}} \cdot \dfrac{1}{1 - \tau^* - A_{(i,t)}^*}$，对外投资模式为 $\dfrac{\mu^*}{\mu^* - 1} \cdot \dfrac{1}{\phi_{F(i)}}$。同理，外国

企业在内销、出口及对外投资模式下的产品定价与本国企业
类似。

4. 集总

本国企业内销的平均生产效率为

$$\bar{\phi}_H^{\mu-1} = \int_0^{n_H} \phi_{H(i)}^{\mu-1} \cdot \eta(\phi) \cdot di \tag{12}$$

同理,外国出口企业、对外投资企业的平均生产效率分
别为

$$\bar{\phi}_T^{*\,\mu-1} = \int_{1+n_H^*}^{1+n_T^*} \phi_{T(i)}^{*\,\mu-1} \cdot \eta^*(\phi) \cdot di \tag{13}$$

$$\bar{\phi}_F^{*\,\mu-1} = \int_{1+n_T^*}^{1+n_F^*} \phi_{F(i)}^{*\,\mu-1} \cdot \eta^*(\phi) \cdot di \tag{14}$$

其中,$\eta(\phi)$ 与 $\eta^*(\phi)$ 为本国企业和外国企业生产效率
的概率密度。

代入公式(13)(14),本国一般物价水平为

$$P_t = \frac{\mu}{\mu-1} \cdot \frac{k \cdot (1-\beta\theta)}{x} \cdot (\bar{\phi}_H^{\mu-1} + (1-\tau^* - A_t^*)^{\mu-1} \cdot \bar{\phi}_T^{*\,\mu-1} + \bar{\phi}_F^{*\,\mu-1})^{\frac{1}{1-\mu}}$$

$$\cdot \frac{E_{t-1}(M_t^{\frac{1}{\rho}})}{E_{t-1}(M_t^{\frac{1}{\rho}-1})} = \frac{\mu}{\mu-1} \cdot \frac{k \cdot (1-\beta\theta)}{x} \cdot \frac{1}{\bar{\phi}} \cdot \frac{E_{t-1}(M_t^{\frac{1}{\rho}})}{E_{t-1}(M_t^{\frac{1}{\rho}-1})} \tag{15}$$

其中,$\bar{\phi}$ 为本国市场销售产品的平均生产率。A_t^* 表示第 t
期外国对本国出口企业征收的平均反倾销税率。

同理,外国一般物价水平为

$$P_t^* = \frac{\mu^*}{\mu^*-1} \cdot \frac{k \cdot (1-\beta\theta^*)}{x} \cdot$$

$$(\bar{\phi}_H^{*\,\mu^*-1} + (1-\tau - A_t)^{\mu^*-1} \cdot \bar{\phi}_T^{\mu^*-1} + \bar{\phi}_F^{\mu^*-1})^{\frac{1}{1-\mu^*}} \cdot$$

$$\frac{E_{t-1}(M_t^{*\frac{1}{\rho}})}{E_{t-1}(M_t^{*\frac{1}{\rho}-1})} = \frac{\mu^*}{\mu^*-1} \cdot \frac{k \cdot (1-\beta\theta^*)}{x} \cdot \frac{1}{\bar{\phi}^*} \cdot \frac{E_{t-1}(M_t^{*\frac{1}{\rho}})}{E_{t-1}(M_t^{*\frac{1}{\rho}-1})} \quad (16)$$

其中，$\bar{\phi}^*$ 为外国市场销售产品的平均生产率。A_t 表示第 t 期本国对外国出口企业征收的平均反倾销税率。

二 若干效应讨论

为便于后续分析过程烦琐公式的化简，假定两国的需求弹性相同，即 $\mu = \mu^*$。图 5 - 2 给出东道国反倾销下本国企业出口和对外投资的利润线。其中，纵坐标 π 表示企业利润，横坐标 $\phi^{\mu-1}$ 表示企业生产效率。

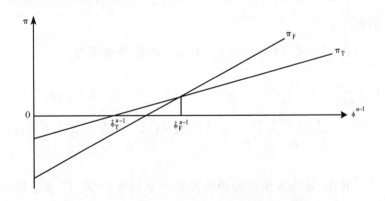

图 5 - 2 反倾销下本国企业出口和对外投资的利润线

图 5 - 2 显示，企业对外直接投资方式下的利润线斜率大于出口方式下的利润线，在图形上表现为相对陡峭；另外，由于本国对外投资的固定成本 f_{MNE} 应大于国内生产的

固定成本 f，因此，对外投资方式下利润线的截距项绝对值大于出口方式利润线的截距项绝对值[①]。

反倾销下本国企业继续选择出口的最低生产率门槛值为

$$\widehat{\phi_T^{\mu-1}} = \frac{D_1}{G} \cdot \frac{f}{(1 - \tau^* - A_t^*)^\mu} \tag{17}$$

反倾销下本国企业做出对外投资决策的最低生产率门槛值为

$$\widehat{\phi_F^{\mu-1}} = \frac{D_1}{G} \cdot \frac{s_{t-1} \cdot f_{MNE} - f}{1 - (1 - \tau^* - A_t^*)^\mu} \tag{18}$$

其中，$D_1 = \beta \cdot \theta$

$$G = \beta \cdot (1 - \beta\theta) \cdot \left(\frac{1 - \beta\theta^*}{x}\right)^{\frac{1}{\rho} - \mu} \cdot \left(\frac{\mu}{\mu-1}\right)^{-\mu} \cdot \left(\frac{k}{x}\right)^{1-\mu} \cdot x^{-\frac{1}{\rho}} \cdot P_t^{*\mu - \frac{1}{\rho}} \cdot$$
$$\left(\frac{E_{t-1}(M_t^{*\frac{1}{\rho}})}{E_{t-1}(M_t^{*\frac{1}{\rho}-1})}\right)^{-\mu} \cdot E_{t-1}\left(\left(\frac{\mu-1}{\mu} \cdot \frac{E_{t-1}(M_t^{*\frac{1}{\rho}})}{E_{t-1}(M_t^{*\frac{1}{\rho}-1})} \cdot \frac{1}{M_t^*} - 1\right) \cdot M_{t-1} \cdot M_t^{*\frac{1}{\rho}}\right)$$

（一）结构指标1："对外投资/出口"

相对出口的对外投资意愿度 γ_1，用来衡量本国企业对外投资愿望（相对出口）的强烈程度（即结构指标1："对外投资/出口"）。该指标反映本国企业从事出口贸易与对外投资的相对结构。本书采用本国企业从事对外投资与出口的相对最低生产率之比表示。γ_1 值越大，本国企业越不倾向从

---

① 两种方式下本国企业利润及下面的最低生产效率门槛值、两种投资意愿度推导过程见附录。

事对外投资以"规避"东道国反倾销壁垒。通过进一步整理，得出本国企业（相对出口）的对外投资意愿度为

$$\gamma_1 = \frac{\widehat{\phi_F^{\mu-1}}}{\widehat{\phi_T^{\mu-1}}} = \frac{\dfrac{s_{t-1} \cdot f_{MNE}}{f} - 1}{(1 - \tau^* - A_t^*(\tau^*, \delta^2, \delta^{*2}))^{-\mu} - 1} \tag{19}$$

其中，$A_t^* = 1 - \dfrac{\overline{\phi_H}}{\overline{\phi_T}} \cdot \dfrac{1}{1 - \tau^*} \cdot e^{(1 - \frac{1}{\mu}) \cdot \delta^2 + \frac{1}{\mu} \cdot \delta^{*2}}$

$\overline{\phi_T}$ 为本国出口企业的平均生产率水平；

$\overline{\phi_H}$ 为本国内销企业的平均生产率水平。

若对外投资的（相对）固定成本 $s_{t-1} \cdot f_{MNE}/f$ 上升，则对外投资的障碍相对增加，γ_1 值上升，相对出口的对外投资意愿下降，从而阻碍本国企业"走出去"。这一结论具有较为明显的经济直觉。东道国的需求价格弹性 μ^*（即公式中的 μ）对投资意愿度 γ_1 也产生一定程度影响。若东道国需求弹性越大（$\mu^* \uparrow$），表明国外需求对价格的波动反应越敏感，本国企业出口的市场份额相对也越不稳定。针对这样的市场条件，出于经营风险的考虑，本国企业一般不会产生利用投资拓展市场的强烈动机。因此，对外投资的意愿下降（此时 $\gamma_1 \uparrow$）。

东道国的关税率 τ^* 变动对本国企业投资意愿度的影响具有不确定性，主要原因在于关税率与反倾销税率之间的相互权衡。由于文中反倾销税率内生于关税率，且关税率的提升会导致反倾销税率的降低，因此，对于出口企业而言，总

体税负并不是随着关税率的变动而呈现单调性变动。这导致判定结果的不确定性。

不过，综合考察反倾销壁垒和关税壁垒（$\tau^* + A_t^*$）对投资意愿度 γ_1 的影响，发现 $\dfrac{\partial \gamma_1}{\partial (\tau^* + A_t^*)} < 0$。说明东道国总体贸易壁垒上升将导致本国企业对外投资的意愿增强，表现出规避贸易壁垒的跨越动机。至于内生的反倾销税率 A_t^* 变动对投资意愿度 γ_1 的影响，如果引发这种变动的原因是关税率 τ^*，其影响效应 $\dfrac{\partial \gamma_1}{\partial A_t^*}$ 存在不确定性；如果引发变动的因素来自货币波动性 δ^2 和 δ^{*2}，则 $\dfrac{\partial \gamma_1}{\partial A_t^*} < 0$。此时，东道国反倾销壁垒加剧，会刺激本国企业对外投资的跨越行为。

货币波动性 δ^2 和 δ^{*2} 通过反倾销税渠道对本国企业的对外投资意愿度 γ_1 产生效应。由于反倾销税率内生于货币波动性，若东道国货币波动性 δ^{*2} 增大，反倾销税率的征收幅度 A_t^* 下降，出口税负成本的降低削弱了本国企业通过对外投资规避贸易壁垒的动机。本国货币波动性 δ^2 对投资意愿度的影响与消费者器质特征有关。若 δ^2 增大，当消费者跨期替代弹性 $1/\rho$ 大于 1 时，反倾销税率的征收幅度 A_t^* 上升，出口经营税负总成本的加重导致本国企业对外投资的意愿得以强化；而当 $1/\rho < 1$ 时，结论正好相反，更多企业会选择出口方式。可见，货币波动性可以通过出口与对外

投资的替代关系，间接改变一国经常账户和资本账户的状况。

（二）结构指标 2："对外投资/吸收外资"

相对吸收外资的对外投资意愿度 γ_2，用来衡量本国吸收外资和对外投资的相对结构（即结构指标 2："对外投资/吸收外资"）。书中采用本国企业从事对外投资与外国企业从事对外投资的最低生产率之比表示。γ_2 越大，表明相对于吸收外资的最低生产效率门槛值，本国企业从事"跨越壁垒型"对外投资所需的最低生产效率门槛值越高，本国企业就越不倾向对外投资。

同时，γ_2 在一定程度上反映了本国国际收支资本账户的状况。γ_2 值上升，意味着本国对外投资相对吸收外资表现弱化，资本账户可能出现"净"的流入。通过计算整理，得出本国企业（相对吸收外资）的对外投资意愿度为

$$\gamma_2 = \frac{\widehat{\phi_F}^{\mu-1}}{\widehat{\phi_F^*}^{\mu-1}} = \left(\frac{\bar{\phi}}{\bar{\phi}^*}\right)^{1+\mu-\frac{1}{\rho}} \cdot \frac{f}{f^*} \cdot \frac{1-(1-\tau-A_t)^\mu}{1-(1-\tau^*-A_t^*)^\mu}$$

$$\cdot \frac{s_{t-1}\cdot\frac{f_{MNE}}{f}-1}{s_{t-1}^{-1}\cdot\frac{f_{MNE}^*}{f^*}-1} \cdot e^{\frac{1}{2}\cdot(\frac{3}{\rho}-\frac{1}{\rho^2})\cdot(\delta^2-\delta^{*2})} \tag{20}$$

其中，$A_t = 1 - \frac{\bar{\phi}_H^*}{\bar{\phi}_T^*} \cdot \frac{1}{1-\tau} \cdot e^{\frac{1}{\rho}\cdot\delta^2+(1-\frac{1}{\rho})\cdot\delta^{*2}}$

$A_t^* = 1 - \frac{\bar{\phi}_H}{\bar{\phi}_T} \cdot \frac{1}{1-\tau^*} \cdot e^{(1-\frac{1}{\rho})\cdot\delta^2+\frac{1}{\rho}\cdot\delta^{*2}}$

$\bar{\phi}_T$ 和 $\bar{\phi}_T^*$ 分别为本国、外国出口企业的平均生产率水平；$\bar{\phi}_H$ 和 $\bar{\phi}_H^*$ 分别为本国、外国内销企业的平均生产率水平；$\bar{\phi}$ 和 $\bar{\phi}^*$ 分别为本国、外国市场销售产品的平均生产率水平。

公式（20）表明，两国对外投资（相对出口）的固定成本差异之比 $(s_{t-1} \cdot f_{MNE} - f)/(s_{t-1}^{-1} \cdot f_{MNE}^* - f^*)$ 与对外投资意愿度 γ_2 有关。如果该值上升，γ_2 值变大，本国企业对外投资意愿相对外国企业弱化。表明本国企业国际化经营的固定成本相对更大些，从而阻碍本国企业"走出去"。这一结论具有显化的经济含义。

相对关税结构（τ 与 τ^*）对投资意愿度 γ_2 的影响判定比较复杂，取决于消费者器质特征、出口企业相对内销企业的生产效率以及两国货币波动幅度等。由于关税率与反倾销税率（内生于关税率）之间的相互权衡，导致 $\dfrac{\partial \gamma_2}{\partial \tau}$ 与 $\dfrac{\partial \gamma_2}{\partial \tau^*}$ 符号不能确定。不过，两国总体贸易壁垒（$\tau^* + A_t^*$）及（$\tau + A_t$）对投资意愿度 γ_2 的影响是确定的，存在 $\dfrac{\partial \gamma_2}{\partial (\tau^* + A_t^*)} < 0$ 和 $\dfrac{\partial \gamma_2}{\partial (\tau + A_t)} > 0$。表明东道国总体贸易壁垒越高，本国企业对外投资的跨越动机越强。对应地，本国贸易壁垒越高，外国企业投资的跨越动机也就越强。此时，本国企业相对对外投资的意愿度就会弱化。与针对 γ_1 的分析类似，如果导致反倾销税率变动的原因来自关税率 (τ 与 τ^*)，$\dfrac{\partial \gamma_2}{\partial A_t^*}$ 和 $\dfrac{\partial \gamma_2}{\partial A_t}$ 符号不确定；如果导致反倾销税率变动的因素来自货币波动性 (δ^{*2} 与 δ^2)，$\dfrac{\partial \gamma_2}{\partial A_t^*} < 0$ 和 $\dfrac{\partial \gamma_2}{\partial A_t} > 0$，两国企业均表现出规避反倾销壁垒的对外投资动机。

从货币层面的因素看，货币波动性 (δ^{*2} 和 δ^2) 对投资意愿度 γ_2 的影响判定复杂，货币波动性主要通过两个渠道对投资意愿度 γ_2 产生效应。第一，反倾销税率渠道。这个渠道的传导机制前面已经提及。第二，汇率、收益与可变成本综合渠道。例如，若东道国货币波动性 δ^{*2} 增大，本币趋向贬值，以本币表示的对外投资收益和可变成本增加。同时，消费数量、产品定价及企业利润都会随之作出调整。这个渠道的效应与消费者特征有关，变动符号具有不确定性。

在上述两个渠道的共同作用下，笔者发现：当消费者跨期替代弹性 $1/\rho$ 大于 3 时，两个渠道的效应相互叠加，导致 $\dfrac{\partial \gamma_2}{\partial \delta^2} < 0, \dfrac{\partial \gamma_2}{\partial \delta^{*2}} > 0$。此时，本国（外国）货币波动的加剧将会相对促进（阻碍）本国企业对外投资的形成。在前一种情况下，本国的资本账户将出现净的"外流"，而在后一种情况下，资本将出现净的"内流"。当消费者跨期替代弹性 $1/\rho$ 小于 3 时，两个渠道效应的相互权衡导致 $\dfrac{\partial \gamma_2}{\partial \delta^2}$ 和 $\dfrac{\partial \gamma_2}{\partial \delta^{*}2}$ 符号不能确定。

（三）汇率、反倾销、货币波动性与对外投资的关系讨论

表 5 – 1 进一步将货币波动性、汇率、反倾销、本国企业对外投资联系起来，在该一般均衡模型下考察四个变量之间的变化规律。其中，汇率分为名义汇率和实际汇率。

根据表 5 – 1，名义汇率与本国企业对外投资（两个衡量对外投资的结构性指标）之间不存在确定的结论，各种情况都可能出现。名义汇率和对外投资意愿之间并不存在"确定"的经济传导结果，在货币冲击的作用下可能展现不同的经济关系组合。

不过，实际汇率与对外投资（指标 1）之间却存在确定的变动关系。本币实际贬值，本国企业对外投资意愿弱化；本币实际升值，则对外投资意愿强劲；本币实际汇率不变，对外投资意愿度（指标 1）也不发生变化。

反倾销税率与对外投资意愿度（指标 1）之间也呈现"清晰"的变动规律。反倾销税率上升，本国企业将产生对外投资的动机规避东道国反倾销措施；当反倾销税率下降，企业出口税负减轻，对外投资的动机就会相应弱化；东道国反倾销税率不变时，本国企业对外投资意愿也相应不变。需要说明的是，这种规律是在考察货币冲击效应的前提下存在的。如前面分析所述，在考察关税冲击效应的背景下，反倾销税率与对外投资意愿度之间就不存在"确定"的变动关系。

表 5 - 1　货币、汇率、反倾销与对外投资的变动关系

货币波动性	名义汇率	实际汇率	反倾销税率	对外投资意愿 1	对外投资意愿 2
东道国货币波动加剧 $\delta*^2$ ↑	本币名义贬值 s_t ↑ 名义汇率波动性加剧 $var(s_t)$ ↑	本币实际贬值值 R_t ↑	反倾销税率下降 A_t^* ↓	对外投资意愿弱化 γ_1 ↑	对外投资意愿弱化 γ_2 ↑ ($\frac{1}{\rho} > 3$) 对外投资意愿不确定 ($\frac{1}{\rho} < 3$)
本国货币波动性加剧 δ^2 ↑	本币名义贬值 ($1 - 2\beta\theta > 0$) 本币名义升值 ($1 - 2\beta\theta < 0$) 名义汇率波动性加剧 $var(s_t)$ ↑	本币实际贬值 R_t ↑ ($\frac{1}{\rho} < 1$) 本币实际升值 R_t ↓ ($\frac{1}{\rho} > 1$)	反倾销税率下降 A_t^* ↓ ($\frac{1}{\rho} < 1$) 反倾销税率上升 A_t^* ↑ ($\frac{1}{\rho} > 1$)	对外投资意愿弱化 γ_1 ↑ ($\frac{1}{\rho} < 1$) 对外投资意愿强化 γ_1 ↓ ($\frac{1}{\rho} > 1$)	对外投资意愿强化 γ_2 ↓ ($\frac{1}{\rho} > 3$) 对外投资意愿不确定 ($\frac{1}{\rho} < 3$)

同时，作为内生变量的实际汇率和反倾销税率之间也展现出一种规律性。当本币实际升值时，东道国对本国出口企业征收的反倾销税率幅度将有所上升，贸易摩擦加剧；反之，当本币实际贬值时，反倾销税率幅度下降，贸易摩擦压力缓和；当实际汇率保持不变时，反倾销税率幅度亦保持不变。在货币冲击下，本币实际升值和东道国贸易摩擦加剧呈现"伴生"现象。

$$E_{t-1}(R_t) = \frac{\bar{\phi}}{\bar{\phi}^*} \cdot e^{\left(1-\frac{1}{\rho}\right) \cdot \delta^2 + \frac{1}{\rho} \cdot \delta * 2} \tag{21}$$

$$E_{t-1}(A_t^*) = 1 - \frac{1}{1-\tau^*} \cdot \frac{\bar{\phi}_H}{\bar{\phi}_T} \cdot \frac{\bar{\phi}^*}{\bar{\phi}} \cdot E_{t-1}(R_t) \tag{22}$$

其中，R_t 表示 t 时期的实际汇率，A_t^* 表示 t 时期本国企业遭受的平均反倾销税率。$\dfrac{\bar{\phi}_H}{\bar{\phi}_T}$ 为本国内销企业与出口企业平均生产率之比，$\dfrac{\bar{\phi}^*}{\bar{\phi}}$ 为东道国市场上销售产品与本国市场上销售产品的企业平均生产率之比。

三　数值模拟

为进一步考察贸易壁垒、货币波动性等因素对投资意愿的影响效应，本书进行了数值模拟。需要说明的是，传统动态随机一般均衡（DSGE）的模拟方法通常是针对不存在显

性解的非线性方程组，将其对数线性化后在稳态解附近泰勒
展开，然后一次性赋予货币冲击，观察其对各状态变量包括
被解释变量（如对外投资意愿度）的脉冲响应过程。由于
本书的分析过程已经得到了关于对外投资意愿度的显性解，
因此，模拟部分并未采用上述传统处理手段。模拟过程采用
Matlab V7.11，计算 40 期，各期扰动项独立同分布，每一期
的投资意愿度取值都是 1000 次模拟结果的平均值。货币冲
击随机项的取值设定在一倍标准差之内，采用 normrnd 函数
随机生成。

（一）参数赋值说明

参数赋值如下：参考 Russ[①] 的观点，产品需求价格弹
性 $\mu = 6$；为考察关税率调整对投资意愿的影响，结合当前
世界各国平均关税水平，分别取 $\tau = \tau^* = 1\%$，3%，5%，
7%，9%，11%，13%，15%，17%，19%；为讨论不同
水平的消费者器质特征对投资意愿的影响，分别取消费者
跨期替代弹性的倒数 $\rho = 3$，1.5，0.8，0.1 等值；参考田
巍和余淼杰[②]的研究，本国企业对外投资与国内生产的企业

---

① Russ, K., "The Endogeneity of the Exchange Rate As A Determinant of FDI: A Model of, Entry and Multinational Firms," *Journal of International Economics*, Vol. 71, 2007.

② 田巍、余淼杰：《企业生产率和企业"走出去"对外直接投资：基于企业层面数据的实证研究》，《经济学》（季刊）2012 年第 1 期。

固定成本①之比 $\dfrac{s_{t-1} \cdot f_{MNE}}{f} = 3.8$，为考虑对称性，外国企业

对外投资与国内生产的固定成本之比相同，$\dfrac{s_{t-1}^{-1} \cdot f_{MNE}^{*}}{f^{*}} = 3.8$；

为计算方便，假定两国国内生产的固定成本之比 $\dfrac{f^{*}}{f} = 1$；参

考 Helpman 等②的研究，本国出口企业与内销企业的平均生

产率之比 $\dfrac{\bar{\phi}_{T}}{\bar{\phi}_{H}} = 1.3$，同样地，为考虑对称性，外国出口企业

与内销企业的平均生产率之比 $\dfrac{\bar{\phi}_{T}^{*}}{\bar{\phi}_{H}^{*}} = 1.3$；东道国市场上销售

产品与本国市场上销售产品的企业平均生产率之比 $\dfrac{\bar{\phi}^{*}}{\bar{\phi}} = 1$。

货币惯常增速 $\varphi = \varphi^{*} = 0.14$（基准值）；货币波动性 $\delta^{2} = \delta^{*2} = 0.14$（基准值）；启动反倾销措施的反倾销税率门槛值 $\bar{A}^{*} = \bar{A} = 2\%$。另外，为简化模拟部分的作图和表述，分别采用 A^{*} 和 A 表示本国和外国出口企业各期面临的反倾销税率，省略下角标时间 t。总体的参数赋值情况见表 5-2。

---

①　由于很难查到对外投资和国内生产的企业固定成本之比的参数值，为进行模拟，我们参考田巍和余淼杰"投资于低收入国家与投资于高收入国家的企业比较"的数据，分别计算投资于低（高）收入国家的企业成本与非对外投资的企业成本之比，再取平均值。将该值作为对外投资和国内生产的企业固定成本之比的"近似替代参数"。

②　Helpman, E., Melitz, M., Yeaple, S. R., "Exports vs. FDI," *American Economic Review*, Vol. 94 (1), 2004.

表 5 - 2　主要参数赋值情况

μ	$s_{t-1} \cdot f_{MNE}/f$	f^*/f	$\bar{\phi}_T/\bar{\phi}_H$	$\bar{\phi}^*/\bar{\phi}$	$\varphi = \varphi^*$ 基准值	$\delta^2 = \delta^{*2}$ 基准值	$\bar{A}^* = \bar{A}$
6	3.8	1	1.3	1	0.14	0.14	2%

（二）灵敏度分析

1. 对外投资结构指标 1

图 5 - 3 以 $\rho = 3$ 情况为例说明东道国贸易壁垒对本国企业对外投资意愿 γ_1 的影响（当 ρ 取其他值时，模拟结果相同）。其中，关税率 τ^* 的提升会导致反倾销税率 A^* 的降低（见图 5 - 3a）。由于关税率与反倾销税率之间的相互权衡，关税率 τ^* 变动对本国企业投资意愿度 γ_1 的影响具有不确定性（见图 5 - 3b）。不过，总体贸易壁垒（$\tau^* + A^*$）对投资意愿度 γ_1 呈现单调递减规律（见图 5 - 3d），说明东道国总体贸易壁垒上升将导致本国企业对外投资的意愿增强，对外投资行为整体上表现出规避贸易壁垒的跨越动机。这些模拟结果与前面的分析结论相一致。

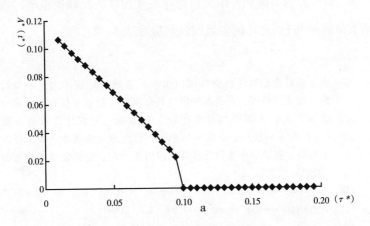

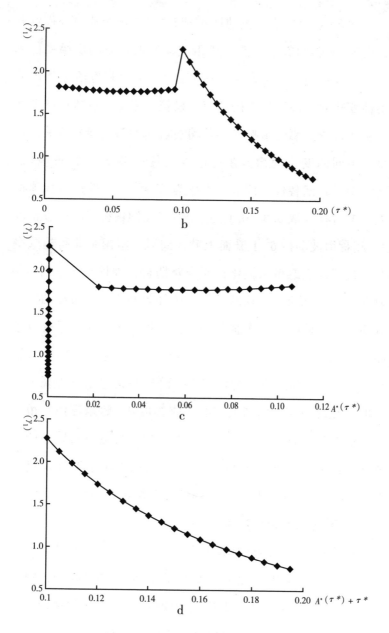

图 5 - 3 东道国贸易壁垒（τ^* 和 A^*）对本国对外投资
意愿度 γ_1 的影响效应

图 5 - 4 给出货币波动性 δ^2 和 δ^{*2} 对本国企业对外投资意愿度 γ_1 的影响效应。由于货币波动性通过影响反倾销税率进而对投资意愿产生作用,因而图 5 - 4 也相应给出货币波动性变化对反倾销税率的效应。模拟结果显示,货币波动性对企业投资意愿的影响确实与消费者跨期替代弹性有关,且呈现不同的变化规律。在讨论本国货币波动性 δ^2 影响时,将消费者跨期替代弹性等于 1 作为分界线。当跨期替代弹性大于 1 时 (ρ 取 0.8、0.1 的情况),反倾销税率的征收幅度 A^* 随货币波动性 δ^2 上升而上升。同时,本国企业跨越壁垒对外投资的意愿得以强化;而当跨期替代弹性小于 1 时 (ρ 取 3、1.5 的情况),反倾销税率的征收幅度随货币波动性上升而下降。此时,更多企业会选择出口方式,对外投资意愿相对弱化 (见图 5 - 4a 和图 5 - 4b)。在讨论东道国货币波动性 δ^{*2} 影响时,不同的消费者在跨期替代弹性下表现出统一的变化规律。反倾销税率的征收幅度 A^* 随东道国货币波动性 δ^{*2} 上升而下降,本国企业对外投资规避贸易壁垒的动机相应削弱 (图 5 - 4c 和图 5 - 4d)。以上关于对外投资意愿度 γ_1 的模拟结果与前面的理论分析结论相一致。

2. 对外投资结构指标 2

图 5 - 5 给出 ρ 分别取 1.5、0.8、0.1 三种情况下东道国贸易壁垒对本国企业对外投资意愿 γ_2 的时间调整路径。与图 5 - 3 的结论类似,无论是关税率 τ^* 还是 τ 的变动,对本国企业投资意愿度 γ_2 的影响具有不确定性,原因在于关税率与反倾销税率的相互权衡。不过,总体贸易壁垒

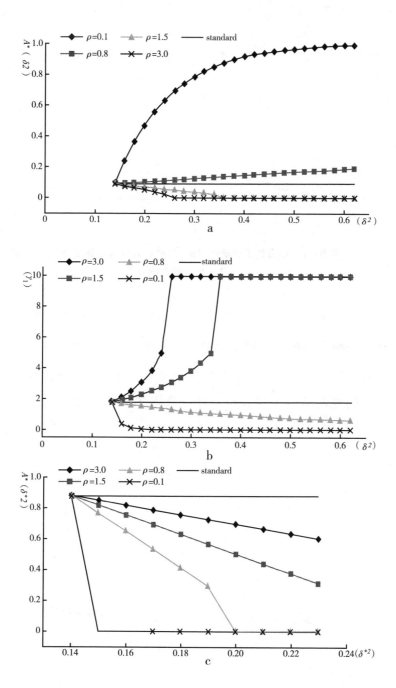

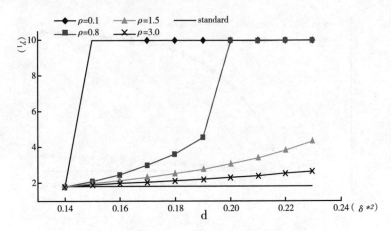

图 5 - 4 两国货币波动性（δ^{*2}和δ^2）对本国对外投资意愿度γ_1的影响效应

（$\tau^* + A^*$）以及（$\tau + A$）对投资意愿度γ_2呈现单调变化规律。表明东道国总体贸易壁垒上升将诱发本国企业对外投资的意愿增强。同时，本国总体贸易壁垒上升，外国企业对外投资的规避动机增强，相对地导致本国企业对外投资意愿下降。

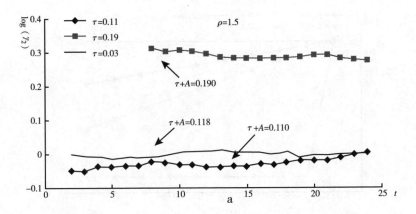

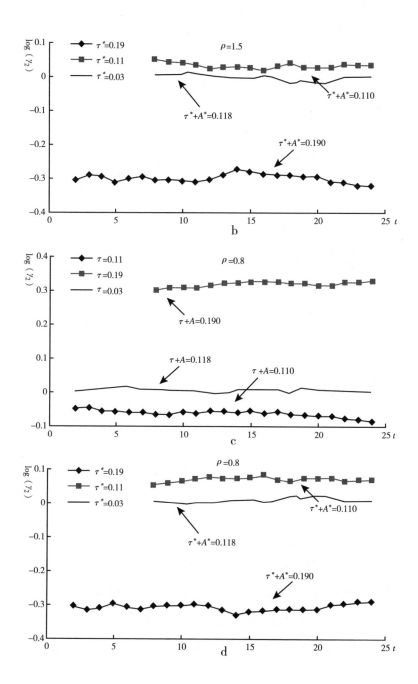

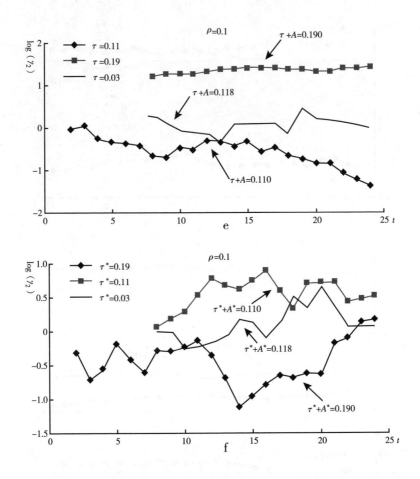

图5-5　两国贸易壁垒（τ^*、τ 和 A^*、A）对本国对外投资意愿度 γ_2 的影响效应

图5-6给出 ρ 分别取1.5、0.8、0.1三种情况下两国货币波动性对本国对外投资意愿度 γ_2 的时间调整路径。模拟结果显示，当消费者跨期替代弹性大于3时（ρ 取0.1的情况），汇率波动性通过"反倾销税率渠道"与"汇率、收益与

可变成本综合渠道"效应的相互叠加，导致 $\dfrac{\partial \gamma_2}{\partial \delta^2} < 0, \dfrac{\partial \gamma_2}{\partial \delta^{*2}} > 0$。

此时，随着本国（外国）货币波动的加剧，本国企业规避贸易壁垒对外投资的意愿逐渐得到强化（弱化）。为验证此结论的稳健性，我们还针对 ρ 取 0.05、0.15 的调整路径进行模拟，结论完全一致。

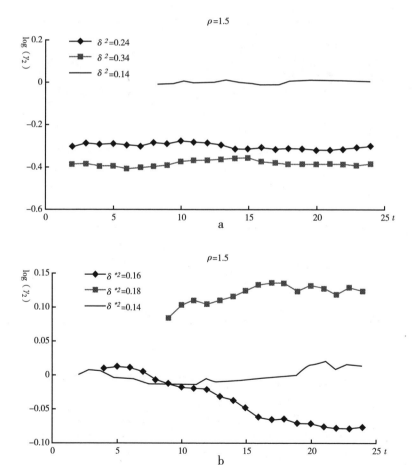

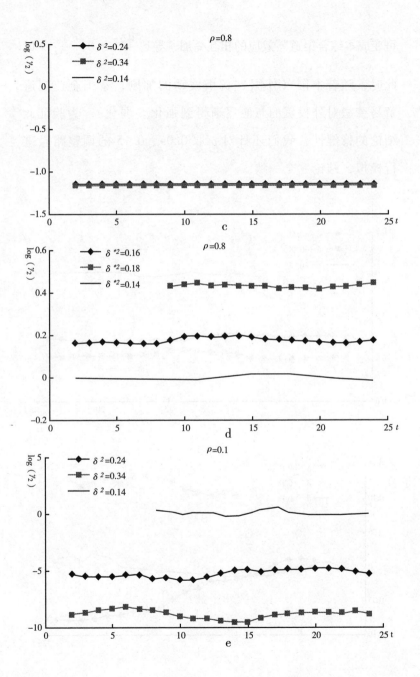

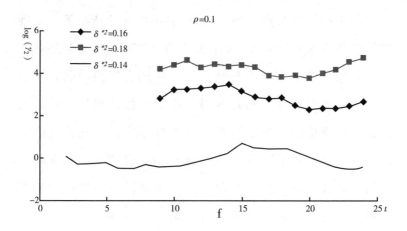

**图 5 - 6　两国货币波动性（δ^{*2} 和 δ^2）对本国对外投资
意愿度 γ_2 的影响效应**

　　当消费者跨期替代弹性小于 3 时，两个渠道效应的相

互权衡导致 $\dfrac{\partial \gamma_2}{\partial \delta^2}$ 和 $\dfrac{\partial \gamma_2}{\partial \delta^{*2}}$ 符号不能确定。我们进一步将其细

分为两类：跨期替代弹性大于 1（ρ 取 0.8）和跨期替代

弹性小于 1（ρ 取 1.5）。在 $\rho = 0.8$ 的情况下，本国货币

波动性从 0.24 上升至 0.34 时，本国企业对外投资意愿只

是在个别期呈现微小的弱化，基本没有实质性影响。另

外，我们还模拟了 $\rho = 0.5$、0.7、0.9 的情况下的时间调

整路径，发现它们的路径有一些细小差异。其中，$\rho = 0.5$

的情况下，本国货币波动性从 0.24 上升至 0.34 时，本国

企业对外投资意愿在很多期出现强化迹象；而 $\rho = 0.9$ 的

情况下，本国货币波动性从 0.24 上升至 0.34 时，本国企

业对外投资意愿在所有期表现为弱化。这验证了 $\dfrac{\partial \gamma_2}{\partial \delta^2}$ 变动

方向的不确定性特点。图 5–6 中 $\rho = 1.5$ 的情况下，发现当外国货币波动性从 0.14 上升至 0.16 时，本国企业对外投资意愿一些期表现为趋强，另一些期表现为削弱，其变化方向不确定。尽管随着本国货币波动性的增加，对外投资意愿逐渐增强，似乎呈现出规律性排序。但是，当给出 $\rho = 1.3$、1.7 等情况下的模拟路径时，发现 $\rho = 1.5$ 时呈现的规律性排序其实并不存在，三种情况下的投资意愿排序各异。这再次验证了消费者跨期替代弹性小于 3 时，两国货币波动性对本国对外投资意愿度的影响效应确实具有不确定性。关于对外投资意愿度 γ_2 的模拟结果与前面的理论分析结论基本吻合。限于篇幅，本书将 ρ 取其他值情况下的模拟结果省略。

四　本章小结

本章引入内生的反倾销和汇率，运用"内销、双向贸易、双向投资"三种模式并存的一般均衡模型，重点考察货币冲击下反倾销等贸易壁垒对一国"对外投资/出口"结构以及"对外投资/吸收外资"结构的影响效应及传导机制。主要结论如下。

东道国关税率的变动，对本国企业投资意愿度的影响具有不确定性，原因在于关税率与反倾销税率的相互权衡。不过，总体贸易壁垒（考虑关税和反倾销税）对投资意愿度的影响呈单调变化规律，表明东道国总体贸易壁垒的加剧将"诱发"本国企业对外投资的跨越行为。一国企业对外直接投资的跨越行为是否显著,不仅取决于所考量的贸易壁垒种类,还受控于经济体的消费者特征、冲击的来源等因素。

从"对外投资/出口"结构指标看,货币波动性通过"反倾销税渠道"对本国企业的对外投资意愿产生效应。若东道国货币波动性增大,将会削弱本国企业对外投资规避贸易壁垒的动机。本国货币波动性下对投资意愿度的影响结论则与消费者器质特征有关。当消费者跨期替代弹性大于 1 时,本国货币波动性的增大最终将导致规避贸易壁垒的对外投资动机强化;当消费者跨期替代弹性小于 1,结论正好相反,更多企业会选择出口方式。可见,货币波动性通过反倾销税渠道,影响企业出口与对外投资的替代选择,间接改变一国经常账户和资本账户的状况。

从"对外投资/吸收外资"结构指标看,货币波动性通过"反倾销税率渠道"和"汇率、收益与可变成本综合渠道"对该投资意愿度指标产生影响。当消费者跨期替代弹性大于 3 时,两个渠道效应相互叠加,本国(外国)货币波动的加剧将会相对增强(削弱)本国企业规避贸易壁垒动机,促进(阻碍)本国企业对外投资的形成,本国的资本账户将出现净的"外流"("内流");当消费者跨期替代弹性小于 3 时,两个渠道效应相互权衡导致结论的不确定性。

从内生于货币的实际汇率、反倾销税率与对外投资意愿之间的关系看，蕴含一种内在的规律性。当本币实际升值时，东道国征收的反倾销税率幅度将有所上升，贸易摩擦加剧，本国企业对外投资意愿强化。从货币的视角诠释历史上曾在日、德等国三种经济现象的依次出现——本币升值、对外贸易摩擦加剧、大举对外投资。

第六章　中国对外直接投资诱发机制的实证研究

在第五章，本书建立理论分析框架，就对外直接投资的诱发机制，着重从货币的角度，考察贸易摩擦、汇率等因素所起到的作用。针对理论分析构建的对外投资两个结构指标，由于"对外投资结构指标2"更多体现本国和外国的相对投资关系，可以说是"对外投资结构指标1"的引申，影响这一指标的因素在两国来看完全是对称的。因此，本研究最主要的数据分析应该是基于"对外投资结构指标1"的主要结论进行验证工作。

一　计量检验模型的建立

本章将根据第五章关于"对外投资结构指标1"的理论假说，建立描述对外投资的回归方程①如下。

---

①　笔者最初计划按照第五章的结论，直接做 *Ofdi/Export*（中国对外直接投资与出口的比例）和 *Ofdi/Ifdi*（中国对外直接（转下页注）

$$Ofdi = \alpha_i + \delta_t + \beta_1 \cdot Tariff + \beta_2 \cdot Volatility_h + \beta_3 \cdot Volatility_f + \beta_4 \cdot Export$$
$$+ \beta_5 \cdot Fixcost + \beta_6 \cdot Energy + \beta_7 \cdot Borrow + \beta_8 \cdot Crisis + \varepsilon_{it}$$

其中，α_i 指个体固定效应，δ_t 指时间固定效应，ε_{it} 为随机变量。$i = 1, 2, 3, \cdots, N$ 为截面标示，$t = 1, 2, 3, \cdots, T$ 为时间标示。为简化表达，各变量的下角标 i, t 均省略。回归模型中各变量的含义如下。

被解释变量 *Ofdi* 为中国对外直接投资。解释变量 *Tariff* 代表外国相对中国的关税壁垒水平。理论上，关税壁垒的提高，会刺激企业对外投资跨越行为的出现。因此，参数估计值满足 $\beta_1 > 0$。但是，通过第五章的分析发现，由于经济系统中关税率与反倾销税率之间存在相互权衡，导致企业对单一贸易壁垒（如关税率）的投资跨越动机没有表现出显著的、呈现单调变化规律的敏感性。因此，根据本书的理论研究观点，预计参数估计值 β_1 的符号应具有不确定性。

解释变量 $Volatility_h$ 和 $Volatility_f$ 分别衡量本国、外国的货币供给波动性。根据理论分析，外国货币波动性加剧，将会促进本国企业对外投资以替代出口。因此，预测参数估计值 $\beta_3 > 0$。根据第五章的结论，在回归方程中，当消费者跨期替代弹性大于 1 时，若本国货币波动性增大，本国企业对外投资的意愿得以强化。因此，有 $\beta_2 > 0$；而当消费者跨期替代弹性小于 1 时，

（接上页注①）投资与吸收外商直接投资的比例）两个对外投资意愿度的回归模型，但是，实证检验的结果很不理想。考虑到可能是被解释变量选为两个经济变量的比值不是很恰当，所以，将第五章的结论稍加转换，得出对外直接投资的回归方程。

结论正好相反，更多企业会选择出口方式，对外投资意愿弱化。因此，有 $\beta_2 < 0$。可见，本国货币波动性对本国企业对外投资意愿的影响与消费者器质特征有关，β_2 符号不确定。

控制变量 $Export$ 衡量一国出口与对外投资的相互关系。根据理论分析，结合中国的实际情况，出口与对外投资之间应该呈现互补关系，而非替代。因此，理论上预测 $\beta_4 > 0$。

控制变量 $Fixcost$ 衡量一国企业对外投资的（相对）固定成本指数。举例说，中国企业对德国的直接投资取决于德国（相对中国）的经营环境—固定成本状况。理论上，在东道国生产、经营过程中的固定成本越高，越不利于本国企业对外投资。因此，预测参数估计值 $\beta_5 < 0$。

除此之外，引入一些控制变量考察我国对外投资行为的其他动机。$Energy$ 衡量一国资源禀赋状况，用以检验中国企业对外投资是否具有显著的"资源导向"特征；$Borrow$ 衡量融资成本对中国对外投资的影响，考察金融压抑是否构成我国企业对外投资的一个主要因素；$Crisis$ 衡量 2008～2009 年次贷危机对中国企业海外投资的影响，采用虚拟变量。理论上，各控制变量参数估计值符号应该满足：$\beta_6 > 0$，$\beta_7 < 0$，$\beta_8 > 0$。

表 6 – 1　理论预期的模型中参数估计值号性汇总

变量	$Tariff$	$Volatility_h$	$Volatility_f$	$Export$	$Fixcost$	$Energy$	$Borrow$	$Crisis$
$Ofdi$	不确定	不确定	+	+	−	+	−	+

注：由于系统中关税率与内生性反倾销率之间存在权衡，导致企业对关税率的投资跨越动机没有表现出显著、单调变化的敏感性。因此，β_1 的符号具有不确定性。另外，本国货币波动性对企业对外直接投资的影响与消费者器质特征有关。当消费者跨期替代弹性大于 1 时，有 $\beta_2 > 0$；而当消费者跨期替代弹性小于 1 时，$\beta_2 < 0$。因此，理论上 β_2 符号不能确定。

二 代理变量指标选取与数据来源

结合第四章的理论分析和第五章的实证检验结果，受到中国对外直接投资、月度（狭义或广义）货币供给等变量国别数据可获得性的限制，本书样本采集期设定为 2003～2011年，涉及 50 个国家和地区。样本总数为 450。各代理变量指标的选取及原始数据来源如下。

Ofdi 代表中国对其他国家（或地区）对外直接投资的双边年度流量数据（以万美元计），由于统计数据为名义量，需要剔除物价因素①，转换为实际变量。在数据处理方面需要说明的有三点。第一，为避免严重的异方差问题，对该变量进行对数化处理。第二，对流量为负值数据的解读和处理。在样本中，中国企业对一些国家或地区的年度直接投资流量为负，② 说明在该年中国企业非但没有新增加投资，反而由于种种原因撤回资金。例如，2004 年中国从新西兰撤资 0.05 亿美元，2006 年从丹麦撤资约 0.59 亿美元，2010年从韩国撤资更是高达 7.2 亿美元。这些负值数据恰恰从一个侧面反映中国企业对外投资的真实状况，不应作数据

---

① 美国 CPI 原始年度数据（指数化）来自美国劳工部。
② 这种现象在中国吸收的外商直接投资和中国出口变量的年度数据中没有出现。笔者认为"负值"现象，除了各种各样的主客观原因外，中国对外直接投资的非成熟性和初级阶段特征应该是不可忽视的一点。

"缩尾"处理而忽略掉。同时，由于"负值"取对数无意义，这样会损失样本。针对这种情况，笔者先对其绝对值取对数，然后取负（对数值已经为负者除外）。这样做的目的是尽可能保持取对数后整个数据的排序不变。第三，一些国家的个别年度数据缺失。这种现象在欧盟比较突出。例如，中国对奥地利、比利时、芬兰、捷克、波兰等的个别年度对外投资数据不详。如果不进行适当的数据处理弥补，样本容量损失很大。因此，笔者尽量通过数据"平滑"、移动平均等手段保全样本。当然，这样做在参数估计方面不可避免地会造成一定程度的偏失。①

Tariff 衡量关税壁垒的水平，这里采用"相对关税率"概念，即各国关税率与中国关税率之比表示。关税率的原始数据根据各国 5000 多种商品的税率，进行两种方法（Tariff line averaging method 和 HS sub-heading averaging method）的加权平均（weighted averages）处理后获得。需要说明的是，为减少样本损失，采取以下措施保留样本。第一，缺失数据尽量采用"平滑"、移动平均手段加以弥补；第二，针对没有给出加权平均后年度关税率数据的情况，笔者采取两种方法计算关税率的简单算术平均（simple averages）结果进行"替代"；第三，中东欧国家入盟后采用欧盟统一对外关税率，入盟前采用原来本国税率，有些国家如匈牙利等，入盟前当年的关税率数据不存在，采用邻近年份

---

① 各年度《中国对外直接投资统计公报》。

数据替代。[①]

Volatility$_h$和*Volatility*$_f$分别衡量本国、外国的货币供给波动性。货币供给分狭义 M1 和广义 M3 两个指标。根据月度的货币供给指数（2005 = 100），计算一国年度货币供给波动性。由于在统计上两个变量的标准差相对其他变量大很多，为尽量避免严重的异方差问题，笔者在回归前对本（外）国货币供给波动性均进行对数化处理。[②]

Export 代表中国对样本国家或地区出口额的年度流量数据。该变量以万美元计，为名义量，数据质量比较好。同样地，需要剔除物价因素，转换为实际变量。然后作对数化处理，减少异方差问题。[③]

Fixcost 衡量外国（相对中国）的固定成本。企业在一国从事生产经营活动中固定成本指数的计算采取四个指标的加权（各25%）平均。它们分别是：注册公司成本、最低投入成本、总体税负的利润占比以及法律费用律师费用的债务价值。[④]

在其他控制变量中，如 *Energy* 衡量一国资源禀赋状况，用以检验中国企业对外投资是否具有显著的"资源导向"特征。该指标采用一次能源[⑤]产出（单位为千吨油当量，kt

---

① http：//www. wto. org/english/tratop_ e/tariffs_ e/tariffs_ e. html.
② 经合组织网站，http：//stats. oecd. org/Index. aspx? DataSetCode = MEI_ FIN。
③ 中国国家统计局网站，http：//www. stats. gov. cn。
④ 数据来自世界银行公布的《全球营商环境报告》。
⑤ 初级能源指的是石油（原油、液态天然气）、天然气、固体燃料、可燃烧回收废弃物以及初级电力能源。所有能源均转化为油当量。

of oil equivalent）占全世界能源产出的比重。需要说明的是，一些国家（如巴西、南非、俄罗斯等）没有 2011 年数据，为避免样本缺失，参考该国 2010 年数据进行替代。[①]

Borrow 衡量融资成本对中国对外投资的影响，采用各国借款利率[②]与中国借款利率之比表示。需要说明的是，世界银行网站的贷款利率（Lending interest rate）数据库中没有一些欧盟国家（如德国、法国等）的数据或数据不全（如比利时、波兰等），为尽量减少样本损失，笔者通过经合组织网站补充长期利率（Long – term interest rate）予以替代。

Crisis 衡量 2008 ~ 2009 年金融危机对中国对外投资的影响。采用虚拟变量。2008 年和 2009 年取 1（此轮危机比较严重，冲击具有持续性），其他年份取 0。

三 样本描述性统计和数据检验

进行回归分析前，需要对样本数据的基本统计性质进行相关描述、诊断、检验，这对于后续实证方法的选择、估计结果的分析提供重要的参考依据。

（一）基本描述性统计

作为中国企业国际化的先行者，在样本国家的选取过程

---

① http：//search. worldbank. org/data.
② 利率指的是银行对客户的贷款利率。

中，本研究关注的一些指标客观上限制样本的大小。这些变量指标主要包括：中国对外直接投资（国别数据）、货币供给的月度数据、关税率等。特别是发展中国家在这些变量的数据方面往往存在严重缺失，且数据质量较差，这在很大程度上导致样本中发展中国家的占比相对较小。例如，在非洲，只有南非的数据相对完整。因此，入选国家相对较少，只有5个。相比之下，欧洲地区入选的国家较多，达到20个。表6-2描述样本包括的国家或地区的洲际分布情况。

表6-2 样本中包括的国家或地区

区域	国家或地区
亚洲（15个）	中国香港、约旦、沙特、印度、韩国、新加坡、印度尼西亚、马来西亚、泰国、以色列、巴基斯坦、土耳其、日本、菲律宾、阿联酋
非洲（5个）	阿尔及利亚、刚果（金）、埃及、尼日利亚、南非
美洲（8个）	阿根廷、巴西、加拿大、智利、墨西哥、秘鲁、美国、委内瑞拉
欧洲（20个）	奥地利、芬兰、爱尔兰、葡萄牙、比利时、法国、意大利、俄罗斯、捷克、德国、卢森堡、西班牙、丹麦、希腊、荷兰、瑞典、爱沙尼亚、匈牙利、波兰、英国
大洋洲（2个）	澳大利亚、新西兰

尽管客观上受到一些关键变量数据可获得性的制约，但是，样本选取的国家或地区基本反映近些年中国对外直接投资、贸易的大致状况。2003～2011年，中国对50个样本国家或地区的对外直接投资占比平均达68%（其中，近五年占比超过80%），中国对外出口贸易额占比接近90%，中国吸收外商直接投资占比超过70%。这些指标说明该样本具

有代表性。

　　表6-3给出样本的基本统计描述。从统计指标看，对数化处理前的货币波动性指标（*m1h*、*m1f*、*m3h*、*m3f*）偏离均值的幅度相对比较大。观察数据发现，发达国家的货币波动性通常较小，且变化比较平稳，而发展中国家、新兴经济体的货币波动性较大，波动较为剧烈。特别是以色列、俄罗

表6-3　样本描述性统计（2003~2011年，50个国家，450个样本）

变量名称	变量含义	计算方法（所有变量取对数）	平均值	标准差	最小值	最大值
ln*ofdi*	实际对外投资	名义投资额转化为实际量	2.33	3.20	-6.47	10.46
ln*tariff*	相对关税率	外国关税率/中国关税率	0.02	0.46	-0.75	1.49
ln*m1h*	本国 M1 货币波动性	M1 月度数据计算货币供给年波动幅度	3.65	1.19	2.25	5.78
ln*m1f*	外国 M1 货币波动性	同上	2.62	1.49	-3.31	6.75
ln*m3h*	本国 M3 货币波动性	M3 月度数据计算货币供给年波动幅度	3.92	1.04	2.34	5.35
ln*m3f*	外国 M3 货币波动性	同上	2.25	1.87	-3.43	6.26
ln*export*	实际出口	名义出口额转化为实际量	8.74	1.49	3.30	12.55
ln*fixcost*	相对固定成本	外国与中国的经营固定成本指数之比	-1.48	0.88	-3.36	0.48
ln*energy*	能源禀赋	一次能源产出/世界能源总产出	-5.83	2.21	-12.39	-1.88
ln*borrow*	相对融资成本	外国借款利率/中国借款利率	0.22	0.75	-2.57	2.54

斯、巴西、智利等国某些年份的货币波动性非常大。其中，以色列的 M1 货币波动性指数高达 850.81，为 $m1f$ 最大值；俄罗斯连续两年（2010~2011 年）M1 货币波动性指数居高位，M3 货币波动性指数连续六年（2006~2011 年）居高位（其中，2011 年 M3 货币波动性指数高达 521.71，为 $m3f$ 最大值）。经过对数化处理后，货币波动性指标（$m1h$、$m1f$、$m3h$、$m3f$）偏离均值的幅度压缩，有了很大程度改善（见图 6-1）。

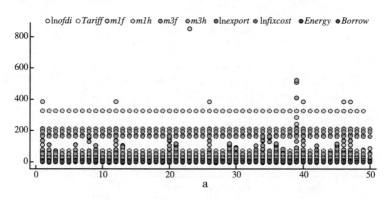

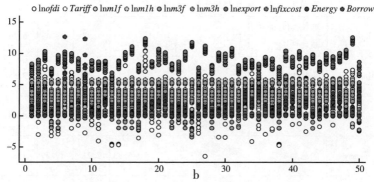

图 6-1　货币波动性对数化前（后）的散点对比

从关税率看，作为自由港，中国香港地区、新加坡（2005 年至今）的关税率最低，为 0。相比之下，非洲国家的关税普遍偏高。例如，2003～2011 年，刚果（金）的关税率指数平均为 2.23，埃及则为 2.38，2003 年尼日利亚的关税率高达 4.42（$Tariff$ 最大值）。

从融资成本来看，拉美国家如巴西、阿根廷、秘鲁、委内瑞拉等国普遍偏高，这些国家国内资金紧张，借款利率通常很高。2003～2011 年，巴西平均融资成本指数为 8.6。其中，2003 年巴西融资成本指数高达 12.63，为 $Borrow$ 最大值；其次，非洲一些国家融资成本也很高昂。如埃及、刚果（金）等。从生产经营的固定成本看，样本国数据表现出两个特点。第一，固定成本指数逐年攀升，且 2007 年是一个重要拐点。无论发达国家还是发展中国家都呈现出类似的变化趋势。这说明经济危机对全球各地区生产、投资的影响不可忽视。第二，在中东地区投资的固定成本最高。2003～2007 年，沙特的固定成本指数平均为 1.69，2007 年达到 3.53（$Fixcost$ 最大值）。

（二）变量之间的相关性检验

为尽量避免解释变量之间严重的序列相关所导致的多重共线性、参数估计值有偏等问题，在进行回归估计之前，笔者粗略地从统计意义上对各变量之间的相关性进行检验。

在样本中，发现潜在的解释变量之间多重共线问题可能主要集中在货币层面的变量与若干解释变量之间。例如，本国货币波动性（lnm1h 和 lnm3h）与固定成本 lnfixcost 的相关系数分别为 0.44 和 0.59，本国货币波动性 $lnm3h$ 与经济危机 Crisis 的相关系数约为 0.37；外国货币波动性（$lnm1f$ 和 $lnm3f$）与关税率 $lntariff$ 的相关系数分别为 0.38 和 0.36，与融资成本 $lnborrow$ 的相关系数分别为 0.37 和 0.36。同时，融资成本 $lnborrow$ 和关税率 $lntariff$ 的相关系数约为 0.48，与出口 $lnexport$ 的相关系数为 -0.36。在进行回归估计时，这些解释变量之间要尽量避免共线性问题的出现（见表 6-4）。

表 6-4　解释变量序列相关性检验

解释变量	lnofdi	lntariff	lnm1f	lnm1h	lnm3f	lnm3h	lnexport	lnfixcost	lnenergy	lnborrow	crisis
lnofdi	1										
lntariff	0.15	1									
lnm1f	0.07	0.38	1								
lnm1h	0.23	0.05	0.21	1							
lnm3f	0.13	0.36	0.56	-0.12	1						
lnm3h	0.34	0.05	0.17	0.79	0.00	1					
lnexport	0.57	-0.18	-0.15	0.17	-0.00	0.28	1				
lnfixcost	0.16	0.23	0.21	0.44	0.15	0.59	-0.01	1			
lnenergy	0.20	0.14	0.14	-0.00	0.18	-0.01	0.26	0.19	1		
lnborrow	0.02	0.48	0.37	-0.11	0.36	-0.12	-0.36	0.15	0.20	1	
crisis	0.11	0.05	0.03	0.17	-0.05	0.37	0.11	0.27	-0.00	0.09	1

另外，笔者还给出主要解释变量（$lntariff$、$lnm3f$、$lnexport$、$lnfixcost$、$lnenergy$、$lnborrow$）与被解释变量 $lnofdi$ 间的散点关系。从图 6-2 发现，从两-两变量间散点关系来看，第一，在所统计期间，中国对外直接投资跨越关税壁垒 $lntariff$ 的动机并不十分显著，这与第五章得出的理论预期观点相符。第二，中国对外直接投资似乎与外国货币波动性 $lnm3f$ 大体呈"同向"变动趋势，与理论预期观点一致。第

三，几个控制变量对中国对外直接投资的影响效应方向也与理论预期结论大体相符。例如，对外出口 lnexport、能源禀赋 lnenergy、融资成本 lnborrow 与中国对外直接投资呈"同向"变动。不过，初步判定来看，固定成本 lnfixcost 与中国对外直接投资之间似乎不存在统计意义上显著的"反向"变动趋势。

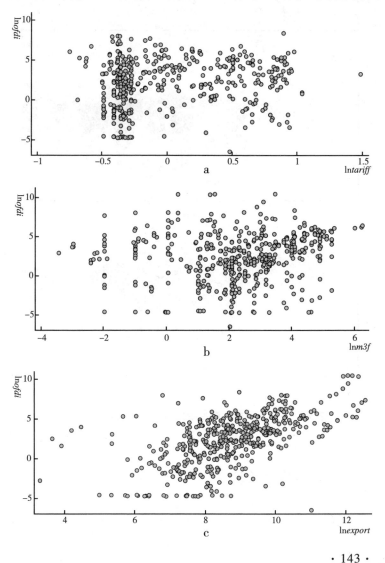

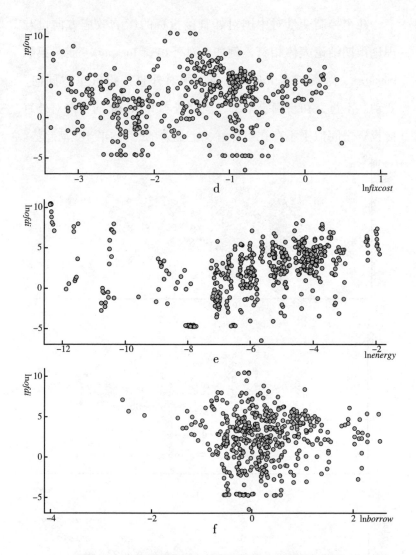

图 6 – 2　主要解释变量与被解释变量之间的散点关系

（三）平稳性检验

理论上，为了避免伪回归（spurious regression），确保

估计结果的有效性，在回归前必须对各面板序列的平稳性
进行检验，而检验数据平稳性最常用的办法就是单位根
检验。

关于单位根检验方法，计量经济学者先后提出以下几
种。在非平稳的面板数据渐进过程中，Levin 和 Lin 很早就
发现估计量的极限分布是高斯分布，将其应用在有异方差的
面板数据中，并建立了对面板单位根进行检验的早期版本；
后来经过 Levin 等的改进，提出了检验面板单位根的 LLC
法；Levin 等指出，该方法允许不同截距和时间趋势，异方
差和高阶序列相关，适合于中等维度（时间序列介于 25～
250，截面数介于 10～250）的面板单位根检验；Im 等还提
出了检验面板单位根的 IPS 法，但 Breitung 发现 IPS 法对限
定性趋势的设定极为敏感，并提出了面板单位根检验的
Breitung 法；Maddala 和 Wu 又提出了 ADF – Fisher 和 PP –
Fisher 面板单位根检验方法。

由上述单位根检验方法的综述可知，可以使用 LLC、
IPS、Breintung、ADF – Fisher 和 PP – Fisher 等 5 种方法进行
面板单位根检验。只有当三个模型（既有趋势又有截距、
只有截距、以上都无）的检验结果都不能拒绝原假设时，
才认为该时间序列是非平稳的。而只要其中有一个模型的检
验结果拒绝了零假设，就可认为时间序列是平稳的。此外，
单位根检验一般是先从水平序列开始检验，若仍存在单位
根，则相继进行一阶、二阶甚至高阶差分后检验，直至序列
平稳为止。规定记 I（0）为零阶单整，I（1）为一阶单整，

依次类推，I（N）为 N 阶单整。

本书中，首先针对样本面板数据进行单位根检验。从检验结果来看，所有变量均通过单位根检验，为零阶单整 I（0）。其中，绝大多数变量如关税率（对数）lntariff、本国货币波动性（对数）lnm1h 和 lnm3h、相对固定成本（对数）lnfixcost、融资成本（对数）lnborrow 都在 1% 显著水平上全部通过 5 种单位根检验。另外，lnofdi 在 10% 显著水平上通过 ADF – Fisher Chi – square 检验；lnm3f 在 10% 显著水平上通过 ADF – Fisher Chi – square 和 Im, Pesaran and Shin W-stat 检验；lnexport 在 10% 显著水平上通过 ADF – Fisher Chi – square 和 Im, Pesaran and Shin W – stat 检验；lnenergy 在 5% 显著水平上通过 Im, Pesaran and Shin W – stat 检验。

（四）异方差、序列相关及内生性检验

除了平稳性检验，笔者还针对面板数据进行了异方差检验、序列相关检验及内生性检验。检验结果汇总见表 6 – 5。

据表 6 – 5 发现，首先，无论 B – P 检验、White 检验，还是 Likelihood-Rate 检验，均表明该面板数据存在较为严重的异方差问题。其次，从 t 检验、F 检验以及 B – G 检验结果来看，面板数据存在显著的残差序列自相关问题。另外，在序列自相关检验中，还发现所有解释变量如相对关税率 lntariff、货币波动性 lnm3h 和 lnm3f 及对外出口 lnexport 等均可以视为严格外生的变量。最后，D – M 检验接受原假设，

表 6 - 5 异方差、序列相关及内生性检验报告

各种检验	统计量	P-value	原假设	结论
异方差检验				
Breusch-Pagan test	10. 75 ***	0. 0010	同方差	存在严重的异方差
White test	111. 27 ***	0. 0000	同方差	存在严重的异方差
Likelihood-Ratio test	302. 64 ***	0. 0000	同方差	存在严重的异方差
序列相关检验				
t test	149. 28 ***	0. 0000	不存在序列相关	存在显著的 AR (1)序列相关
F test	99. 34 ***	0. 0000	不存在序列相关	存在显著的 AR (1)和 AR(2)序列相关
Breusch-Godfrey test	139. 38 ***	0. 0000	不存在序列相关	存在显著的高阶序列相关
内生性检验				
Davidson-Mackinnon test	0. 20	0. 6574	内生性问题对估计结果影响不大	内生性问题不大
Hausman-Wu test - 1	- 4. 08	—	内生性问题对估计结果影响不大	无法判定
Hausman-Wu test - 2	- 9. 25	—	内生性问题对估计结果影响不大	无法判定
Hausman-Wu test - 3	- 14. 93	—	内生性问题对估计结果影响不大	无法判定

注: *** 、** 、* 分别表示变量在 1% 、5% 、10% 的水平上显著。

说明内生性问题对估计结果影响不大。另外，Hausman - Wu 项下的三种检验结果的统计量均为负（表明从该检验结果无法断定内生性问题）。不过，结合 D - M 检验结果以及序列自相关检验的结论，综合来看，内生性问题对估计结果的影响不大。即使存在一定程度的内生性问题，也不会很严重。

四　实证估计结果报告

经过平稳性、异方差、序列自相关及内生性检验后，我们对数据的基本性质获得较为充分的认识和诊断。在此基础上，需要进行面板数据的具体模型设定和选择。

理论上讲，通常有三种形式。①混合估计模型（Pooled Regression Model）。如果从时间上看，不同个体之间不存在显著性差异；从截面上看，不同截面之间也不存在显著性差异，那么，就可以直接把面板数据混合在一起用普通最小二乘法（OLS）估计参数。②固定效应模型（Fixed Effects Regression Model）。如果对于不同的截面或不同的时间序列，模型的截距不同，则可以采用在模型中添加虚拟变量的方法估计回归参数。③随机效应模型（Random Effects Regression Model）。如果固定效应模型中的截距项包括了截面随机误差项和时间随机误差项的平均效应，并且这两个随机误差项都服从正态分布，则固定效应模型就变成了随机效应模型。

（一）面板数据的具体模型选择

在面板数据模型形式的选择方法上，经常采用 F 检验决定选用混合模型还是固定效应模型，然后利用 LR 检验和 B－P 检验确定应该建立随机效应还是混合估计模型，最后用 Hausman 检验确定应该建立随机效应模型还是固定效应模型。根据表6－6的相关检验报告，综合来看，面板数据的模型应该选择为固定效应或随机效应。

表6－6　面板数据固定效应、随机效应及混合模型选择检验报告

各种检验	统计量	P-value	原假设	结论
固定效应/混合估计模型？				
F test	8.15 ***	0.0000	混合估计模型	拒绝原假设，接受固定效应模型
随机效应/混合估计模型？				
B-P test	315.16 ***	0.0000	混合估计模型	拒绝原假设，接受随机效应模型
LR test	148.37 ***	0.0000	混合估计模型	拒绝原假设，接受随机效应模型
固定效应/随机效应模型？				
Hausman test	8.58	0.3788	随机效应模型	不能拒绝原假设

注：***、**、* 分别表示变量之间在1%、5%、10%的水平上显著。

（二）面板数据的估计结果报告

根据上述检验报告，笔者将面板数据的回归估计结果分成固定效应（fe）和随机效应（re）两组。其中，在固定效应组中，结合数据中存在的异方差、序列自相关等问题，具体到估计方法上，分别比较 fe（一般固定效应），fe_ rb（异方差稳健型），fe_ bs50（bootstrap 标准误①），fe_ ar1（一阶自相关），fe_ ar1-two（一阶自相关－两阶段估计）以

---

① 这种估计方法的优点是统计推断不依赖具体的分布假设。

及 fe_ scc（综合处理异方差、序列相关①）六种估计结果。

由于控制变量固定成本 ln*fixcost* 与解释变量本国货币波动性 ln*m3h* 存在较为严重的相关性（相关系数为 0.59），为避免多重共线问题，笔者在回归模型中"剔除"这个变量，回归结果见表 6 - 7。

表 6 - 7　固定效应回归结果 1

变量	(1) fe	(2) fe_rb	(3) fe_bs50	(4) fe_ar1	(5) fe_ar1 - two	(6) fe_scc
ln*tariff*	0.073 (0.668)	0.073 (0.627)	0.073 (0.962)	- 0.829 (0.930)	- 0.820 (0.928)	0.073 (0.416)
ln*m3h*	0.630 *** (0.148)	0.630 *** (0.193)	0.630 *** (0.163)	0.652 *** (0.162)	0.655 *** (0.162)	0.630 *** (0.156)
ln*m3f*	- 0.042 (0.084)	- 0.042 (0.094)	- 0.042 (0.083)	- 0.021 (0.094)	- 0.021 (0.094)	- 0.042 (0.033)
ln*export*	0.901 *** (0.290)	0.901 *** (0.325)	0.901 *** (0.279)	0.665 * (0.373)	0.661 * (0.372)	0.901 *** (0.292)
ln*energy*	0.088 (0.751)	0.088 (0.737)	0.088 (0.634)	0.408 (1.108)	0.402 (1.102)	0.088 (0.247)
ln*borrow*	- 0.529 (0.328)	- 0.529 *** (0.225)	- 0.529 ** (0.265)	- 0.465 (0.401)	- 0.464 (0.399)	- 0.529 *** (0.129)
crisis	- 0.056 (0.239)	- 0.056 (0.197)	- 0.056 (0.207)	- 0.066 (0.253)	- 0.067 (0.252)	- 0.056 (0.172)
_cons	- 7.414 (4.790)	- 7.414 (4.848)	- 7.414 * (4.046)	- 3.619 (5.759)	- 3.628 (5.773)	- 7.414 *** (2.639)
N	434	434	434	385	385	434
r2_w	0.324	0.324	0.324	0.200	0.203	0.324
rho_ar	—	—	—	0.172	0.166	—

注：括号内为标准误；* $p < 0.1$，** $p < 0.05$，*** $p < 0.01$。

---

① 当异方差、序列相关以及截面相关性质未知时，一个综合的处理方法是运用 xtscc 命令（注意：该命令随机效应不能用）。xtscc 相当于 White/Newey 估计扩展到 Panel 的情形。

从表 6 - 7 六种固定效应下的估计结果比较发现，关税率 ln*tariff* 对中国企业对外投资的"诱发"效应并不显著，而且参数估计值的符号有"+"有"-"，具有不确定性。这与本书理论研究部分给出的预期结论相吻合。

本国货币波动性① ln*m3h* 对中国对外直接投资 ln*ofdi* 在 1% 显著水平产生"正向"变动效应，弹性为 0.63 ~ 0.65。这意味着，本国货币波动性增加，将推动中国企业对外投资。在本章表 6 - 1 的脚注部分曾提及，理论上讲，本国货币波动性 ln*m3h* 对企业对外直接投资 ln*ofdi* 的影响与消费者器质特征有关。这一估计结果可能说明，在所选取的样本范围内消费者跨期替代弹性大于 1。

不过，在固定效应的六种估计结果中，外国货币波动性 ln*m3f* 均没有通过显著性检验，而且号性为负。这和本书理论预期的结果不符。笔者认为，造成这种结果的可能原因之一是在所选取的样本中，"生产灵活性"理论和"投资灵活性"理论指导下的企业对外投资行为从总量上大体相当，相互抵消、权衡所致。而本书的分析结论是建立在"生产灵活性理论"基础上的。

从表 6 - 7 发现，在控制变量中，对外出口 ln*export* 对中

---

① 从相关系数矩阵可以看出，货币层次 M3 的代理变量相比 M1，对被解释变量 ln*ofdi* 的影响作用更大。因此，回归估计过程中，笔者选择 M3 货币层次的代理变量作为本（外）国货币波动性的解释变量。实际上，回归结果也验证这一代理变量选择的合理性。限于篇幅，不再报告以 M1 为代理变量的估计结果。

国对外投资 ln*ofdi* 产生较为显著的推动作用。弹性为 0. 66 ~
0. 90。这一估计结果与本书的理论预期相吻合。同时，也符
合考察期间中国具体的实际情况。另外，融资成本 ln*borrow*
对中国对外投资产生"负向"效应（弹性大致为 0. 53），符
合理论预期。不过，在固定效应的六种估计结果中，三个估
计方法该参数估计值通过至少 5% 水平的显著性检验，还有
一个估计结果基本在 10% 水平上通过显著性检验。这表明
融资成本因素在中国企业"走出去"的行为选择中，还是
起到一定的作用。其他两个控制变量——能源禀赋 ln*energy*
和经济危机 *crisis* 均没有通过显著性检验。其中，能源禀赋
变量的参数估计值为" +"，符合理论预期，表明中国企业
对外投资中确实存在"寻求能源"的动机，但不是很明显。

　　进一步地，如果实证研究中"剔除"表 6 - 7 中没有通
过显著性检验的解释变量，如 ln*tariff*、ln*m3f*、ln*energy*、
crisis 等，可以得到表 6 - 8 所示的固定效应下六种估计结
果。将这两张表进行对比，发现各解释变量（本国货币波
动性 ln*m3h*、对外出口 ln*export*、融资成本 ln*borrow*）参数估
计值的变动区间基本稳定，没有发生大幅度调整。

　　同样地，在随机效应组里，笔者选取 re（一般随机效
应），re_ rb（异方差稳健型），re_ bs50（bootstrap 标准误），
re_ ar1（一阶自相关），re_ ar1-two（一阶自相关 - 两阶段
估计）以及 re_ ar1_ tscorr（一阶自相关 - 选择一阶段相关
系数计算方法）六种估计结果的比较（见表 6 - 9）。

表6-8　固定效应回归结果2

变量	(1) fe	(2) fe_rb	(3) fe_bs50	(4) fe_ar1	(5) fe_ar1 - two	(6) fe_scc
ln$m3h$	0.675 *** (0.123)	0.675 *** (0.171)	0.675 *** (0.175)	0.628 *** (0.132)	0.633 *** (0.132)	0.675 *** (0.131)
ln$export$	0.838 *** (0.237)	0.838 *** (0.257)	0.838 *** (0.253)	0.663 ** (0.316)	0.656 ** (0.315)	0.6838 *** (0.267)
ln$borrow$	-0.510 * (0.293)	-0.510 ** (0.221)	-0.510 ** (0.224)	-0.515 (0.341)	-0.513 (0.339)	-0.510 *** (0.158)
_cons	-7.530 *** (1.752)	-7.530 *** (1.784)	-7.530 *** (1.726)	-5.718 *** (2.032)	-5.681 *** (2.039)	-7.530 *** (1.888)
N	450	450	450	400	400	450
r2_w	0.336	0.336	0.336	0.197	0.200	0.336
rho_ar	—	—	—	0.184	0.177	

注：括号内为标准误；* p<0.1, ** p<0.05, *** p<0.01。

表6-9　随机效应回归结果1

变量	(1) re	(2) re_rb	(3) re_bs50	(4) re_ar1	(5) re_ar1 - two	(6) re_ar1_tscorr
ln$tariff$	0.704 (0.459)	0.704 (0.434)	0.704 (0.501)	0.684 (0.456)	0.685 (0.455)	0.715 (0.449)
ln$m3h$	0.738 *** (0.112)	0.738 *** (0.149)	0.738 *** (0.152)	0.701 *** (0.117)	0.703 *** (0.117)	0.733 *** (0.112)
ln$m3f$	0.017 (0.069)	0.017 (0.069)	0.017 (0.083)	0.041 (0.072)	0.040 (0.072)	0.023 (0.069)
ln$export$	0.763 *** (0.183)	0.763 *** (0.167)	0.763 *** (0.169)	0.826 *** (0.182)	0.824 *** (0.182)	0.779 *** (0.179)
ln$energy$	0.376 *** (0.142)	0.376 *** (0.177)	0.376 *** (0.230)	0.345 *** (0.137)	0.346 *** (0.137)	0.367 *** (0.136)
ln$borrow$	-0.027 (0.267)	-0.027 (0.194)	-0.027 (0.259)	0.061 (0.278)	0.059 (0.278)	0.021 (0.267)

变量	(1) re	(2) re_rb	(3) re_bs50	(4) re_ar1	(5) re_ar1 – two	(6) re_ar1_tscorr
crisis	− 0.203 (0.233)	− 0.203 (0.188)	− 0.203 (0.167)	− 0.219 (0.241)	− 0.218 (0.241)	− 0.215 (0.235)
_cons	− 5.236 *** (1.906)	− 5.236 *** (1.841)	− 5.236 *** (1.983)	− 5.893 *** (1.919)	− 5.872 *** (1.916)	− 5.431 *** (1.868)
N	434	434	434	434	434	434
r2_w	0.317	0.317	0.317	0.315	0.315	0.316
rho_ar	—	—	—	0.172	0.166	0.036

注：括号内为标准误；* $p < 0.1$，** $p < 0.05$，*** $p < 0.01$。

从表 6 – 9 随机效应六种估计结果的比较中发现，关税率 ln*tariff* 对中国对外直接投资 ln*ofdi* 的影响作用全部为"正向"。不过，六种估计结果全部没有通过参数估计值的显著性检验。这说明在随机效应估计模型下，关税壁垒对直接投资的"诱发"效应有所体现，但作用并不显化。

随机效应模型下，本国货币波动性 ln*m3h* 对中国对外投资 ln*ofdi* 的影响效应仍然在 1% 显著水平下为"正向"，弹性为 0.70 ~ 0.74，略高于固定效应模型下的估计结果。对外出口 ln*export* 对中国对外投资的促进作用得到更为显著的体现（全部在 1% 显著水平上通过），弹性区间为 0.76 ~ 0.82，与固定效应的估计结果（均值）大体相当。经济危机 *crisis* 的解释力仍然不显化。

表 6 – 9 与表 6 – 7 最大的不同体现在能源禀赋 ln*energy* 对中国对外投资的解释力显著上升（弹性为 0.35 ~ 0.38），而融资成本 ln*borrow* 因素变得不再重要，且号性表现不稳定。这说明模型的具体设定对结论会产生很大的影响。从拟

合优度指标看，固定效应和随机效应模型相差无几，基本上稳定在 0.31 ~ 0.32。

（三）稳健性分析

为使结论更具稳健性，笔者进一步采用动态面板模型，引入滞后期，在估计方法上分别采用系统 GMM 两阶段估计（dycs_ 2sys, dycs_ 2pre, dycs_ 2e ~ g）、系统 GMM 一阶段估计考虑异方差（dycs_ sys_ rb, dycs_ pre_ rb, dycs_ e ~ g_ rb）、动态 OLS 两阶段估计考虑异方差（dycs_ 2OLS）及动态固定效应两阶段估计考虑异方差（dycs_ 2FE）。由于 F 检验发现除关税率 lntariff 外，其他解释变量均可视为严格外生变量。因此，在动态 GMM 估计时，考虑加入关税率（滞后 1、2 期）作为工具变量。总体上看，表 6 - 10 的动态面板估计结果与前面的静态面板估计结果大体一致。

其中，本国货币波动性 lnmh 基本在 1% 显著水平上对中国对外直接投资产生显著影响，弹性范围有所放大，为 0.31 ~ 0.88。外国货币波动性 lnmf 对中国对外直接投资的影响仍然不显著，但号性基本符合理论预期。同时还发现，滞后 1 期的对外投资对当期的中国对外直接投资产生一定影响。特别是在系统 GMM 的两阶段估计模型中，全部通过 1% 显著水平检验，弹性为 0.12 ~ 0.16。滞后 1 期的关税率对当期的中国对外直接投资具有较为显著的"诱发"作用。不过，当期关税率对直接投资的作用不确定。此外，在其他控制变量中，出口 lnexport 的解释作用有所弱化，对外直接

表 6-10 动态面板下系统 GMM 估计与 OLS、FE 估计的比较

解释变量 \ 被解释变量	对外直接投资 lnofdi							
	(1) dycs_2sys	(2) dycs_2pre	(3) dycs_2e~g	(4) dycs_sys_rb	(5) dycs_pre_rb	(6) dycs_e~g_rb	(7) dycs_2OLS	(8) dycs_2FE
常数项	-0.525 (1.312)	-0.437 (0.909)	-0.666 (1.810)	-0.470 (5.063)	-1.436 (4.379)	0.821 (4.761)	-2.190 (1.670)	-2.961 (6.737)
L1.(lnofdi)	0.115*** (0.023)	0.118*** (0.015)	0.162*** (0.024)	0.084 (0.117)	0.101 (0.076)	0.101 (0.086)	0.557*** (0.069)	0.069 (0.064)
lntariff	-1.311*** (0.246)	-2.725*** (0.503)	-1.758* (1.050)	-1.047 (1.613)	-2.081 (1.628)	-1.488 (1.658)	0.256 (0.308)	-0.544 (0.927)
L1.(lntariff)	—	3.895*** (0.356)	9.035*** (0.572)	—	3.543*** (1.165)	2.719* (1.488)	—	—
L2.(lntariff)	—	—	-4.934*** (0.965)	—	—	—	—	—
lnm3h	0.556*** (0.053)	0.683*** (0.051)	0.881*** (0.082)	0.546** (0.269)	0.697*** (0.211)	0.612*** (0.253)	0.306*** (0.119)	0.679*** (0.190)
lnm3f	0.002 (0.034)	-0.013 (0.030)	-0.071** (0.036)	-0.031 (0.120)	-0.060 (0.114)	-0.041 (0.109)	-0.011 (0.049)	-0.031 (0.093)

续表

被解释变量 解释变量	对外直接投资 lnofdi							
	(1) dycs_2sys	(2) dycs_2pre	(3) dycs_2e~g	(4) dycs_sys_rb	(5) dycs_pre_rb	(6) dycs_e~g_rb	(7) dycs_2OLS	(8) dycs_2FE
lnexport	0.689*** (0.103)	0.343*** (0.089)	−0.022 (0.132)	0.746 (0.555)	0.398 (0.457)	0.401 (0.470)	0.370*** (0.151)	0.511 (0.417)
lnenergy	1.012*** (0.181)	0.562*** (0.090)	0.087 (0.169)	1.045** (0.532)	0.439 (0.318)	0.784** (0.367)	0.170* (0.091)	0.327 (1.067)
lnborrow	−0.324* (0.172)	−0.638*** (0.129)	−0.371*** (0.143)	−0.439 (0.582)	−0.637* (0.395)	−0.735* (0.405)	0.239 (0.168)	−0.449* (0.250)
crisis	−0.057 (0.069)	0.068 (0.063)	−0.239** (0.101)	−0.087 (0.215)	0.017 (0.246)	−0.057 (0.215)	−0.291 (0.261)	−0.070 (0.210)
调整的 R2	—	—	—	—	—	—	0.576	0.279
F/wald chi2 统计量	7173.09***	112604***	2902.2***	59.01***	87.87***	70.99***	57.99***	15.85***
rho_ar 统计量	—	—	—	—	—	—	—	0.585
Sargan 统计量	33.24	39.08	37.77	—	—	—	—	—
样本量	385	385	336	385	385	385	385	385

注：括号内为标准差，***、**、* 分别表示变量在1%、5%、10%的水平上显著性。

投资的出口弹性为 0.34 ~ 0.69；融资成本 lnborrow 在多数估计模型中通过显著性检验，对外直接投资的融资成本弹性为 0.32 ~ 0.74；中国对外直接投资的"能源寻求"动机在动态面板估计中也得到一定程度的"显化"。

（四）宏观经济系统内在传导机制的验证

理论上，在定量分析货币波动性、关税等因素对一国企业对外投资的影响效应后，笔者进一步对第五章理论推断给出的宏观经济系统内在传导链条与机制验证。货币波动性是否与汇率、反倾销税率具有因果传导，引发汇率和非关税贸易壁垒的调整，进而对企业对外投资意愿产生影响？另外，在现实数据面前，关税和非关税壁垒之间是否存在理论预期的相互权衡关系？目前，中国对外投资在贸易壁垒跨越和非贸易（比如汇率）壁垒跨越的动机，哪个更为重要和显著？

1. 货币波动性与汇率、反倾销壁垒之间的关系验证

在第五章理论建模部分，笔者将汇率、反倾销税率内生于货币冲击，预测并得出有关货币波动性、汇率、反倾销税率以及企业对外投资意愿度之间的传导规律。这里，利用中国对主要贸易、投资伙伴国家的面板数据，尝试对这些预期观点进行实证检验。

首先，对所涉及的待验证变量进行统计描述。汇率 lnexchange 为实际变量。具体做法是：先将名义汇率（外币/1 美元）转化为（外币/1 人民币）。然后，剔除外币国家和中国物价因素，调整为实际汇率。最后，对数化处理。

另外，欧元区国家统一采用欧元汇率计算。

反倾销壁垒 *cad* 的代理变量选择为东道国发起的针对中国的反倾销调查次数①。一国在设置贸易保护时往往考虑以往的贸易状况进行反倾销决策。所以，反倾销变量必须采取"存量"数据来体现以往反倾销的累积效应②。利用下述公式获得（累积性）反倾销次数：CAD*jt* = AD*jt* + sum（AD*jt* − *i*）/*i*。③

表 6 − 11　实际汇率和反倾销壁垒的描述性统计

变量名称	变量含义	计算方法(所有变量取对数)	平均值	标准差	最小值	最大值
lnexchange	实际汇率	名义汇率(外币/人民币)转化为实际量,实际汇率 = 名义汇率 × 中国物价/外国物价	− 0. 19	2. 27	− 2. 72	7. 11
cad	反倾销壁垒	(累积性)反倾销次数 CAD*jt* = AD*jt* + sum (AD*jt* − *i*)/*i*	10. 35	11. 61	0. 00	44. 53

表 6 – 11 给出两个变量的基本统计描述。从统计指标看，存在一定程度的异方差问题。另外，笔者还给出外国货币波动性 ln*m3f* 与实际汇率 ln*exchange*、反倾销壁垒 *cad* 以及关税率 ln*tariff* 与反倾销壁垒 *cad* 之间的散点关系图。前面的理论

---

① 实际上，代理变量最好是选择为反倾销税率。但是，反倾销税率的数据很难获得，只好采用东道国发起的反倾销调查次数替代。

② 不同期对现期的影响是有所不同的。假定越靠近限期的反倾销案件影响越大，因此，不同期的影响圈中有所区别。

③ 主要数据来源于世界银行。

分析预期，第一，外国货币波动性加剧，则本币实际贬值。这意味着外国货币波动性 lnm3f 与实际汇率 lnexchange 呈"反向"变动关系；第二，外国货币波动性加剧，则反倾销壁垒下降，在本研究中，外国货币波动性 lnm3f 与反倾销壁垒 cad 呈"反向"变动关系；第三，本币实际升值，反倾销税率上升，贸易摩擦加剧，表明实际汇率 lnexchange 与反倾销壁垒 cad 呈"同向"变动关系；第四，关税率上升，则反倾销税率下降，两者相互权衡，这意味着关税率 lntariff 与反倾销壁垒 cad 呈"反向变动"。从图 6 - 3 相关变量的散点关系看，似乎理论预期的各种变动特征在统计意义上并不是很显化，来自数据的经验更多呈现的是"混合"特征。

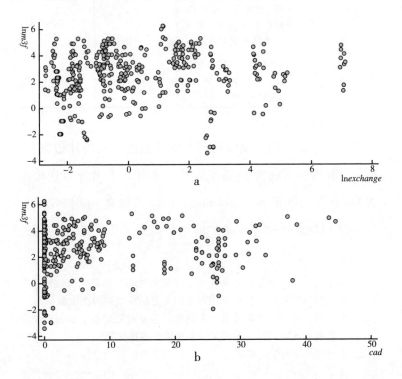

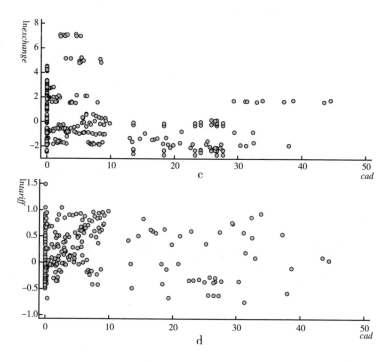

图 6 - 3　外国货币波动性与实际汇率、反倾销壁垒之间的散点关系

实际汇率 lnexchange 和反倾销壁垒 cad 均在 1% 显著水平上通过单位根检验，为 I（0）单整。在此基础上，笔者进行协整检验，以考证实际汇率和反倾销壁垒与货币波动性、关税壁垒以及对外投资等变量之间是否存在着长期稳定的均衡关系。鉴于前面的统计性质描述中已经发现面板数据存在一定程度的异方差问题，因此，在协整检验中，笔者主要运用 Pedroni 的检验方法。这种方法的优点就在于允许异质面板的存在。当 Pedroni 检验无法判定时，采用 Kao 检验和 Fisher 检验加以判定。协整检验报告见表 6 - 12。

表 6 - 12   协整检验报告

各种协整检验	（加权）统计量	P-value	原假设	结论
检验 1：本国货币波动性 lnm3h 与实际汇率 lnexchange 是否存在长期稳定关系？				
Panel v-Statistic	9.22 ***	0.0000	不存在协整关系	存在协整关系
Panel rho-Statistic	- 2.46 ***	0.0070	不存在协整关系	存在协整关系
检验 1：本国货币波动性 lnm3h 与实际汇率 lnexchange 是否存在长期稳定关系？				
Panel PP – Statistic	- 32.24 ***	0.0000	不存在协整关系	存在协整关系
Panel ADF-Statistic	- 4.87 ***	0.0000	不存在协整关系	存在协整关系
检验 2：外国货币波动性 lnm3f 与实际汇率 lnexchange 是否存在长期稳定关系？				
Panel v-Statistic	- 1.25	0.8935	不存在协整关系	不能拒绝原假设
Panel rho-Statistic	- 2.99 ***	0.0014	不存在协整关系	存在协整关系
Panel PP-Statistic	- 4.46 ***	0.0000	不存在协整关系	存在协整关系
Panel ADF – Statistic	- 4.47 ***	0.0000	不存在协整关系	存在协整关系
检验 3：本国货币波动性 lnm3h 与反倾销壁垒 cad 是否存在长期稳定关系？				
Panel v – Statistic	n. a.	n. a.	不存在协整关系	无法判定
Panel rho-Statistic	n. a.	n. a.	不存在协整关系	无法判定
Panel PP-Statistic	n. a.	n. a.	不存在协整关系	无法判定
Panel ADF-Statistic	n. a.	n. a.	不存在协整关系	无法判定
ADF（Kao test）	1.82 **	0.0342	不存在协整关系	存在协整关系
Fisher test	333.2 ***	0.0000	不存在协整关系	存在协整关系
检验 4：本国货币波动性 lnm3f 与反倾销壁垒 cad 是否存在长期稳定关系？				
Panel v-Statistic	n. a.	n. a.	不存在协整关系	无法判定
Panel rho-Statistic	n. a.	n. a.	不存在协整关系	无法判定
Panel PP-Statistic	n. a.	n. a.	不存在协整关系	无法判定
Panel ADF-Statistic	n. a.	n. a.	不存在协整关系	无法判定
ADF（Kao test）	- 2.87 ***	0.0021	不存在协整关系	存在协整关系
Fisher test	258.4 ***	0.0000	不存在协整关系	存在协整关系
检验 5：实际汇率 lnexchange 与中国对外投资 lnofdi 是否存在长期稳定关系？				
Panel v-Statistic	- 3.62	0.9999	不存在协整关系	无法判定
Panel rho-Statistic	4.29	1.0000	不存在协整关系	无法判定
Panel PP-Statistic	- 2.83 ***	0.0023	不存在协整关系	存在协整关系
Panel ADF-Statistic	- 3.96 ***	0.0000	不存在协整关系	存在协整关系

各种协整检验	（加权）统计量	P-value	原假设	结论
检验6：反倾销壁垒 *cad* 与中国对外投资 *lnofdi* 是否存在长期稳定关系？				
Panel v-Statistic	0.01	0.4943	不存在协整关系	无法判定
Panel rho-Statistic	0.19	0.5754	不存在协整关系	无法判定
Panel PP-Statistic	− 4.31 ***	0.0000	不存在协整关系	存在协整关系
Panel ADF-Statistic	− 5.03 ***	0.0000	不存在协整关系	存在协整关系
检验7：实际汇率 *lnexchange* 与反倾销壁垒 *cad* 是否存在长期稳定关系？				
Panel v-Statistic	n. a.	n. a.	不存在协整关系	无法判定
Panel rho-Statistic	n. a.	n. a.	不存在协整关系	无法判定
Panel PP-Statistic	n. a.	n. a.	不存在协整关系	无法判定
Panel ADF-Statistic	n. a.	n. a.	不存在协整关系	无法判定
ADF（Kao test）	− 3.30 ***	0.0005	不存在协整关系	存在协整关系
Fisher test	469.2 ***	0.0000	不存在协整关系	存在协整关系

注：*** 、** 、* 分别表示变量在1%、5%、10%的水平上显著。

通过表6–12发现，如理论预期所言，货币波动性与实际汇率之间、货币波动性与反倾销壁垒之间、实际汇率和反倾销壁垒之间确实存在长期稳定的协整关系。

协整检验表明货币波动性与实际汇率之间，实际汇率、反倾销壁垒与中国对外投资之间确实存在着长期稳定的均衡关系，其估计方程回归残差是平稳的。在协整检验的基础上，笔者对相关变量进行回归估计，考察这些变量之间的传导效应大小，这种情况下的估计结果较为准确，从而避免出现"伪回归"现象。

首先，表6–13给出中间变量——汇率 *lnexchange* 对"货币波动性 *lnm3h*、*lnm3f* 以及控制变量滞后1期出口 *lnexport*"的回归结果。由于 Hausman 检验不能拒绝原假设，无法判定是固定效应 fe 还是随机效应 re 的估计效果更为理想。因此，为结论的稳健性考虑，笔者列举固定效应 fe，fe_ rb（异方差稳健型），fe_ ar1（一阶自相关）和随机效应 re，re_ rb（异方差稳健型），re_ ar1（一阶自相关）六种估计结果进行综合比较分析。

表 6 – 13　回归结果报告（实际汇率为被解释变量）

变量	(1) fe	(2) fe_rb	(3) fe_ar1	(4) re	(5) re_rb	(6) re_ar1
lnm3h	0.063 *** (0.009)	0.063 *** (0.009)	0.037 *** (0.010)	0.063 *** (0.009)	0.063 *** (0.008)	0.029 *** (0.011)
lnm3f	− 0.015 *** (0.004)	− 0.015 *** (0.004)	− 0.004 (0.004)	− 0.015 *** (0.004)	− 0.015 *** (0.004)	− 0.010 ** (0.005)
L. lnexport	− 0.058 *** (0.018)	− 0.058 *** (0.019)	0.054 ** (0.021)	− 0.058 *** (0.018)	− 0.058 *** (0.019)	− 0.003 *** (0.023)
_cons	0.085 (0.120)	0.085 (0.144)	− 0.828 *** (0.079)	0.087 (0.337)	0.087 (0.334)	0.258 (0.229)
N	400	400	350	400	400	400
r2_w	0.276	0.276	0.140	0.276	0.276	2.253
rho_ar	—	—	0.557	—	—	0.557

注：括号内为标准误；* $p < 0.1$，** $p < 0.05$，*** $p < 0.01$。

表 6 – 13 显示，无论从本国货币波动性 lnm3h，还是从外国货币波动性 lnm3f 来看，货币—汇率的传导路径都很"奏效"，号性也符合理论预期。其中，本国货币波动性 lnm3h 的参数估计值的六种估计结果大都通过 1% 水平显著性检验，传递率为 0.037 ~ 0.063。外国货币波动性 lnm3f 对实际汇率的传递率在 0.010 ~ 0.015 范围。

表 6 – 14 列出中间变量—反倾销壁垒 cad 对"关税率 lntariff、货币因素 lnm3h 及 lnm3f、实际汇率 lnexchange、控制变量滞后 1 期出口 lnexport"的回归结果。Hausman 检验

拒绝原假设，接受固定效应。这里，划分成两个组。第一组
的解释变量分为关税率 lntariff，本国货币波动性 lnm3h，外
国货币波动性 lnm3f，滞后 1 期出口 lnexport。通过固定效应
（fe_1）、固定效应异方差稳健型（fe_rb_1）、固定效应综
合异方差及序列相关①（fe_scc_1）考察货币对反倾销壁
垒的传导机制和效果。相应地，第二组用来测试实际汇率对
反倾销壁垒的传导效果。

表 6 – 14　回归结果报告（反倾销壁垒为被解释变量）

变量	(1) fe_1	(2) fe_rb_1	(3) fe_scc_1	(4) fe_2	(5) fe_rb_2	(6) fe_scc_2
lntariff	4.444 *** (1.330)	4.444 (3.652)	5.350 *** (0.824)	4.934 *** (1.335)	4.934 (3.675)	5.612 *** (0.729)
lnm3h	0.553 *** (0.278)	0.553 * (0.294)	0.595 *** (0.184)	—	—	—
lnm3f	0.137 (0.123)	0.137 (0.110)	0.081 (0.355)	—	—	—
L. lnexport	0.819 (0.550)	0.819 (0.842)	—	1.635 *** (0.275)	1.635 ** (0.669)	—
lnexport	—	—	1.428 * (0.776)	—	—	2.196 *** (0.430)
lnexchange	—	—	—	2.998 ** (1.483)	2.998 (2.277)	3.312 * (1.690)
_cons	1.527 (3.681)	1.527 (6.600)	– 3.851 (5.766)	– 2.383 (2.441)	– 2.383 (5.788)	– 7.762 ** (3.800)
N	385	385	434	385	385	434
r2_w	0.174	0.174	0.228	0.174	0.174	0.219
rho_ar	—	—	—	—	—	—

注：括号内为标准误；* p < 0.1，** p < 0.05，*** p < 0.01。

---

①　在这种估计方法中，笔者没有采用滞后 1 期出口，而是用当期出
　　口作为控制变量。

通过表 6 - 14 发现，关税率 lntariff 对反倾销壁垒 cad 的影响作用比较大，本国货币波动性 lnm3h 对反倾销壁垒的影响效果较弱（但是显著，号性符合预期，弹性为 0.55 ~ 0.59），外国货币波动性 lnm3f 对反倾销壁垒的影响不显化。另外，关税率 lntariff 与反倾销税率之间似乎不存在理论预期中的"权衡"关系，相反，却表现出较为显著的"互补"关系。汇率 lnexchange 对反倾销壁垒的传导效果和方向基本与预期相吻合（3 个估计结果有 2 个通过显著性检验）。结合表 6 - 13 "货币—汇率"这一环节的传导机制，从总体上看，笔者认为，在中国的实证数据背景下，确实存在"货币—汇率—反倾销"这一整套传导机制，且比较奏效，基本符合理论预期。

2. 汇率、反倾销壁垒与中国对外直接投资之间的传导机制和传导效果验证

协整检验还表明，实际汇率、反倾销壁垒与中国对外直接投资之间确实存在着长期稳定的均衡关系，其估计方程回归残差是平稳的。在协整检验的基础上，笔者进一步考察两个中间变量实际汇率 lnexchange、反倾销壁垒 cad 对最终被解释变量中国对外直接投资 lnofdi 的传导效果。由于反倾销壁垒受到控制变量对外出口 lnexport 的显著影响（见表 6 - 14），因此，笔者在估计过程中引入交乘项 lnexport · cad，以考察受到出口规模约束的反倾销变量对中国对外直接投资的解释作用。在实际汇率、反倾销壁垒作为解释变量的估计方程中，Hausman 检验接受固定效应。因此，表 6 - 15a 和

表 6 - 15b 分别列举各种固定效应方法下的估计结果进行比较。结合面板数据中存在的异方差、序列自相关等问题，具体到估计方法上，分别比较 fe（一般固定效应），fe_ rb（异方差稳健型），fe_ bs50（bootstrap 标准误），fe_ ar1（一阶自相关），fe_ ar1-two（一阶自相关 - 两阶段估计）以及 fe_ scc（综合处理异方差、序列相关）六种估计结果。

　　通过表 6 - 15a 发现，反倾销壁垒 *cad* 对中国对外直接投资的解释作用不显著，而且号性也不符合理论预期。相比反倾销渠道，汇率渠道对中国对外直接投资的影响较为显著。实际汇率 ln*exchange* 的参数估计值全部通过显著性检验，弹性为 2. 20 ~ 2. 33。而且，号性符合理论预期。出口 ln*export* 对中国对外直接投资有显著的促进作用，全部通过 1% 水平的显著性检验，弹性为 1. 56 ~ 1. 75。融资成本对中国对外直接投资的影响效果也较为显著，且号性与预期吻合，弹性为 0. 61 ~ 0. 70。

表 6 -15a　回归结果报告（中国对外直接投资为被解释变量）

变量	(1) fe	(2) fe_rb	(3) fe_bs50	(4) fe_ar1	(5) fe_ar1 - two	(6) fe_scc
cad	- 0. 009 (0. 030)	- 0. 009 (0. 043)	- 0. 009 (0. 047)	- 0. 028 (0. 042)	- 0. 028 (0. 042)	- 0. 009 (0. 045)
ln*tariff*	0. 372 (0. 699)	0. 372 (0. 715)	0. 372 (0. 770)	- 0. 008 (0. 971)	- 0. 005 (0. 971)	0. 372 (0. 292)
ln*exchange*	2. 333 ** (0. 912)	2. 333 * (1. 195)	2. 333 ** (1. 165)	2. 206 * (1. 125)	2. 209 ** (1. 123)	2. 333 *** (0. 500)
ln*export*	1. 752 *** (0. 180)	1. 752 *** (0. 200)	1. 752 *** (0. 199)	1. 562 *** (0. 266)	1. 564 *** (0. 265)	1. 752 *** (0. 123)

变量	(1) fe	(2) fe_rb	(3) fe_bs50	(4) fe_arl	(5) fe_arl – two	(6) fe_scc
lnenergy	−0.117 (0.781)	−0.117 (0.707)	−0.117 (0.775)	0.315 (1.179)	0.312 (1.176)	−0.117 (0.336)
lnborrow	−0.606* (0.308)	−0.606*** (0.225)	−0.606*** (0.227)	−0.702* (0.365)	−0.700* (0.365)	−0.606*** (0.179)
_cons	−13.043*** (4.672)	−13.043*** (4.099)	−13.043*** (4.660)	−8.677 (5.583)	−8.717 (5.590)	−13.043*** (2.497)
N	434	434	434	385	385	434
r2_w	0.290	0.290	0.290	0.143	0.144	0.290
rho_ar	—	—	—	0.208	0.205	—

注：括号内为标准误；* p < 0.1，** p < 0.05，*** p < 0.01。

表 6 – 15b 给出交乘项 lnexport · cad 作为解释变量的情况下的六种固定效应回归结果。表 6 – 15b 与表 6 – 15a 的结果对比发现，反倾销这一渠道只有在出口规模作为约束变量的条件下，才会对中国对外直接投资产生显著的促进作用。

进一步地，经过表 6 – 15a 和表 6 – 15b 与本章前面部分运用货币因素作为解释变量的表 6 – 7（固定效应）和表 6 – 9（随机效应）的估计结果比较，笔者认为，总体上看，在拟合优度、序列相关统计量、参数估计值号性等指标上，表 6 – 7 和表 6 – 9 的估计结果相对更为理想。而且，出口和融资成本对中国对外直接投资的影响效应（弹性）变小。例如，对外投资的出口弹性从 1.56 ~ 1.75（汇率、反倾销壁垒作为解释变量的情况）缩小为总体的 0.66 ~ 0.90（货币因素作为解释变量的情况），对外投资的融资成本弹性从 0.61 ~ 0.70 缩小为 0.53。两种情况下的估计结果出现一定的差异，究其原因，主要是在货币因素作为解释变量的情况下，内生性问题变得比较小。因此，表6－7和表6－9的结论相对更为稳健。

表 6 –15b　回归结果报告（中国对外直接投资为被解释变量）

变量	(1) fe	(2) fe_rb	(3) fe_bs50	(4) fe_ar1	(5) fe_ar1－two	(6) fe_scc
lnexport · cad	0.013 ***	0.013 ***	0.013 ***	0.002	0.003	0.013 ***
	(0.003)	(0.003)	(0.003)	(0.005)	(0.005)	(0.005)
lntariff	0.768	0.768	0.768	0.011	0.033	0.768
	(0.759)	(1.055)	(0.852)	(1.019)	(1.018)	(0.528)
lnexchange	2.024 **	2.024	2.024	2.927 **	2.954 **	2.024
	(1.008)	(1.405)	(1.694)	(1.213)	(1.209)	(1.300)
lnenergy	0.289	0.289	0.289	0.436	0.431	0.289
	(0.861)	(1.034)	(1.313)	(1.340)	(1.329)	(0.423)
lnborrow	－1.459 ***	－1.459 ***	－1.459 ***	－0.946 **	－0.950 **	－1.459 ***
	(0.325)	(0.356)	(0.311)	(0.394)	(0.393)	(0.460)
_cons	3.182	3.182	3.182	5.466	5.390	3.182
	(4.840)	(5.852)	(7.673)	(5.131)	(5.171)	(2.386)
N	434	434	434	385	385	434
r2_w	0.131	0.131	0.131	0.040	0.042	0.131
rho_ar	—	—	—	0.322	0.311	—

注：括号内为标准误；* $p<0.1$，** $p<0.05$，*** $p<0.01$。

通过上述分析笔者发现，"货币—汇率—反倾销—对外投资"这一整套的传导机制在中国基本上是奏效的，特别是汇率渠道。反倾销渠道对中国对外直接投资的诱发作用受到出口规模的约束。估计结果表明，中国对外直接投资在贸易壁垒跨越和非贸易（如汇率）壁垒跨越的动机选择上，后者可能更为重要。

同时发现，汇率、反倾销作为内生于货币的变量，作为解释变量对中国对外直接投资进行回归估计，会存在一定程度的内生性问题。相比而言，货币代替汇率和反倾销，直接作为解释变量进行回归，内生性问题较小，估计结果应该相对准确、可靠。实证检验的结果也充分说明了这一点。从表 6 – 15a、表 6 – 15b 和表 6 – 7 的对比看，无论从拟合优度、序列相关统计量指标看，还是从参数估计值的大小和号性等方面看，"货币因素对中国对外投资估计"的结果确实要优于"汇率、反倾销直接对中国对外直接投资估计"的结果。

3. 反倾销壁垒与关税壁垒之间的关系验证

在理论部分，笔者预期反倾销壁垒与关税壁垒存在相互"权衡"关系。这个观点在以中国为研究对象的面板数据中，是否会得到支持和体现？在本书研究中，影响反倾销壁垒幅度的因素包括货币波动性、关税率以及实际汇率。这些因素的作用孰大孰小？如何排序？针对这些涉及反倾销壁垒的问题，笔者亦进行了验证。这些结果已经体现在表 6 – 14 中。

笔者发现，针对反倾销壁垒 *cad* 而言，关税率 ln*tariff* 对其的影响作用程度较大，其次是实际汇率 ln*exchange*，再次是货币层面因素。其中，本国货币波动性 ln*m3h* 对反倾销壁垒有显著影响，传递率为 0.55 ~ 0.59，而外国货币波动性 ln*m3f* 对反倾销壁垒的影响作用不大。实证数据似乎并不支持"关税壁垒与反倾销壁垒的相互权衡"观点，相反，两者却表现出较为显著的"互补"关系。另外，表 6 – 14 支持"本币升值会导致反倾销壁垒上升，贸易摩擦加剧"的观点（该结论在前面理论部分也曾提出）。

五　本章小结

在第五章理论建模分析的基础上，本章定量考察货币、关税及非关税壁垒（反倾销）、汇率等因素对中国对外直接投资流出的影响效应，并进一步就"货币—汇率—反倾销—对外投资"一整套传导机制、路径的有效性以及相关理论命题进行细致的验证研究。得出的主要验证性结论包括以下几方面。

（1）与理论分析的预期结果大体一致。中国企业对外直接投资行为的背后确实存在一整套的诱发机制和传导路径。研究结果表明，货币通过汇率和反倾销渠道，对中国对外直接投资的行为选择产生影响。其中，汇率渠道的作用尤其重要和显著。反倾销渠道对中国对外直接投资的诱发作用受到出口规模的约束。关税对中国企业对外投资的"诱发"效应并不显著，且号性不确定（这与本书理论研究部分给出的预期结论相吻合）。总之，中国对外直接投资在贸易壁垒（如关税和以反倾销为代表的非关税）跨越和非贸易（如汇率）壁垒跨越的动机选择上，后者可能更为重要。

（2）汇率、反倾销作为内生于货币的变量，实证研究中将两者作为解释变量对中国对外直接投资进行回归估计，会存在一定程度的内生性问题。相比而言，货币代替汇率和反倾销，作为解释变量进行回归，内生性问题较小，估计结果应该相对准确、可靠。本国货币波动性增加，将推动中国企业对外投资（弹性为 0.63 ~ 0.74）。这一估计结果还表明，在中国的外部经济环境中，消费者跨期替代弹性大于 1。

（3）中国对外直接投资的出口弹性为 0.66 ~ 0.90，融资成本弹性约为 0.53，能源寻求弹性为 0.35 ~ 0.38。可见，巩固和扩张国外市场份额、融资成本及能源寻求等因素构成中国企业"走出去"的其他诱因。

（4）针对反倾销壁垒而言，关税率对其的影响作用程度较大，其次是实际汇率，再次是货币层面因素。其中，本国货币波动性对反倾销壁垒有显著影响，传递率为 0.55 ~ 0.59，而外国货币波动性对反倾销壁垒的影响作用不大。实证数据似乎并不支持"关税壁垒与反倾销壁垒的相互权衡"观点，相反，两者却表现出较为显著的"互补"关系。

（5）实证研究表明，实际汇率与反倾销壁垒之间存在"协整"关系。本币升值会导致遭受外国的反倾销壁垒幅度上升，贸易摩擦加剧。这一验证结果支持第五章理论分析部分的观点。

第七章　中国企业对外直接投资的路径剖析

在第五章理论分析的基础上，通过实证研究，第六章定量考察货币、关税及非关税壁垒（反倾销）、汇率等因素对我国对外直接投资流出的影响效应。本章首先进一步剖析针对我国企业"走出去"实证检验的相关结论，然后，结合理论部分的诱发机制，尝试"勾画"出针对中国企业对外直接投资的路径。在此基础上，通过典型案例研究和国别比较研究，点面结合，对我国企业"走出去"的诱发机理和存在的若干问题进行深入探讨。

一　汇率、贸易壁垒对中国企业对外直接投资传导机理和路径剖析

结合前两章的理论和实证研究，得出的主要结论如下。

（1）综合理论分析的结果，货币波动性通过"反倾销税渠

道"和"汇率、收益与可变成本综合渠道"对企业的对外投资意愿产生影响。在一定条件下，两个渠道效应叠加，本国（外国）货币波动的加剧将会导致本币升值（贬值），反倾销壁垒幅度上升（下降），贸易摩擦加剧（减弱），从而相对增强（削弱）本国企业规避贸易壁垒动机，促进（阻碍）本国企业对外投资的形成。当然，本国货币波动性对企业对外投资意愿的影响结论较为复杂，与消费者器质特征有关。

（2）与理论分析的预期结果大体一致，中国企业对外直接投资行为的背后确实存在一整套的诱发机制和传导路径。研究结果表明，货币通过汇率和反倾销渠道，对中国对外直接投资的行为选择产生影响。其中，汇率渠道的作用尤其重要和显著。反倾销渠道对中国对外直接投资的诱发作用受到出口规模的约束。关税对中国企业对外投资的"诱发"效应并不显著，且号性不确定（这与本书理论研究部分给出的预期结论相吻合）。总之，中国对外直接投资在贸易壁垒（如关税和以反倾销为代表的非关税）跨越和非贸易（如汇率）壁垒跨越的动机选择上，后者可能更为重要。

（3）汇率、反倾销作为内生于货币的变量，实证研究中将两者作为解释变量对中国对外直接投资进行回归估计，会存在一定程度的内生性问题。相比而言，货币代替汇率和反倾销，作为解释变量进行回归，内生性问题较小，估计结果相对准确、可靠。本国货币波动性增加，将推动中国企业对外投资（弹性为 0.63~0.74）。这一估计结果还表明，在中国的外部经济环境中，消费者跨期替代弹性大于1。

（4）中国对外直接投资的出口弹性为 0.66～0.90，融资成本弹性约为 0.53，能源寻求弹性为 0.35～0.38。可见，巩固和扩张国外市场份额、融资成本及能源寻求等因素构成中国企业"走出去"的其他诱因。

（5）针对反倾销壁垒而言，关税率对其的影响作用程度较大，其次是实际汇率，最后是货币层面因素。其中，本国货币波动性对反倾销壁垒有显著影响，传递率为 0.55～0.59，而外国货币波动性对反倾销壁垒的影响作用不大。实证数据似乎并不支持"关税壁垒与反倾销壁垒的相互权衡"观点，相反，两者却表现出较为显著的"互补"关系。另外，实证研究还表明，实际汇率与反倾销壁垒之间存在"协整"关系。本币升值会导致遭受外国的反倾销壁垒幅度上升，贸易摩擦加剧。这一验证结果支持第五章理论分析部分的观点。

（一）理论和实证结果的进一步阐释

接下来，针对汇率、贸易壁垒对中国企业对外直接投资的传导机理，笔者结合前两章的若干结论做深入阐释。

1. 关于货币波动性对中国对外直接投资的影响效应讨论

实证研究显示，本国货币波动性对中国对外直接投资产生显著的"正向"变动效应，弹性为 0.63～0.74。这意味着，本国货币波动性增加，将推动中国企业对外投资。理论上讲，本国货币波动性对企业对外直接投资的影响结论比较复杂，与消费者器质特征有关。具体地，当消费者跨期替代弹性大于 1 时，则参数估计值大于 0；而当消费者跨期替代弹性小于 1 时，参数估计值小于 0。这可能说明所选取的样本国家或地区，从总体上看，消费者跨期替代弹性大于 1。这个结论具有一定的合理性。因为所选取的样本中，高收入、发达国家和地区相对占据主体，低收入、发展中国家由于数据可获得性问题，入选样本受到限制。

不过，外国货币波动性对中国对外直接投资的影响效应没有通过显著性检验，而且号性为负。这和本书理论预期的结果不符。历史上，很少有文献直接论及货币对对外直接投资的影响效应。不过，若把货币的变动与对汇率的影响联系起来，货币对汇率、进而对对外直接投资的影响还是可以追溯和考证的。在这种思路下，笔者发现，外国货币波动性对本国直接投资影响方向（即货币变量参数估计值的符号）为" + "或" - "在以往文献都有相关的理论支持。表明在这一问题上，学术界存在分歧。持"东道国货币波动将促进本国对外投资"（号性为" + "）观点的学者认为，汇率作为一种价格信号，东道国的货币波动加剧，将引发本币升值，进而会刺激风险规避型企业将生产转移到生产成本相对较低的国外，以投资方式替代出口，通过跨国公司内部交易来规避汇率不确定性对利润获取带来的负面影响。[1] 这种

---

[1] Cushman, D. O. , "Real Exchange Rate Risk, Expectations and the Level of Direct Investment," *Review of Economics and Statistics*, Vol. 67 (2), 1985; Goldberg, L. S. , Kolstad, C. D. , "Foreign Direct Investment, Exchange Rat Variability and Demand Uncertainty," *International Economic Review*, Vol. 36 (4), 1995.

"生产灵活性"理论可以解释外国货币波动对本国直接投资的"正向"效应。不过,持"外国货币波动阻碍本国对外投资"(号性为"-")观点的学者则认为,沉淀成本的存在,导致投资具有不可逆性和迟滞效应。"投资灵活性"理论和经验研究发现,作为衡量投资环境的一种风险信号,东道国货币、汇率的不确定性会对本国投资择机进入东道国市场产生显著的负面影响。①

本书的理论分析部分是建立在"生产灵活性理论"假设基础上的。按照该理论,外国货币波动性对本国直接投资影响的"号性"应该为正。然而,实证检验的结果,是"号性"为负。结合本书研究对象的特点,笔者认为,造成所谓"号性不符"的部分原因是在实证检验所选取的样本中,"生产灵活性"理论和"投资灵活性"理论指导下的企业对外投资行为从数量上大体相当,或后者更多一些,但还没达到非常显著"胜出"的程度,货币对两种类型投资的作用相互抵消、权衡所致。这可能是理论假设与实证数据存在一定"偏差"造成的结果。总体上看,货币因素对中国对外直接投资的影响作用还是不可忽视的。

2. 与贸易壁垒相比,汇率成为解释中国企业对外投资跨越行为更为重要的因素

前面的理论研究和验证工作均表明,中国企业对外直接

---

① Dixit, A., Pindyck, R., *Investment under Uncertainty*, (Princeton: Princeton University Press, 1994).

投资行为的背后确实存在一整套"货币—汇率—反倾销—对外投资"的诱发机制和传导路径。货币通过汇率和反倾销渠道，对中国对外直接投资的行为选择产生影响。实证研究结果进一步揭示，汇率渠道的作用尤其重要和显著。中国对外直接投资在贸易壁垒（如关税和以反倾销为代表的非关税）跨越和非贸易（如汇率）壁垒跨越的动机选择上，后者可能更为重要。

笔者认为，汇率也可以看作一种形式的壁垒，成为企业跨国经营不得不考虑的一环。那么，从中国企业的角度，如何看待关税、反倾销及汇率变动对自身经营的影响？现实的应对策略又是什么？这些问题的回答将关乎中国企业对待两类壁垒的态度，直接影响中国企业在国际化经营中的模式选择。汇率与关税、反倾销相比，是每一家中国企业涉外经营中都无法逃避的。它直接影响企业成本核算、收益指标等。但是，关税和反倾销不同。当面临东道国反倾销诉讼时，很多中国企业的理性选择就是观望或逃避。官司打赢了，就接着出口；官司打输了，就退出该市场，换一个国家再出口。很少有企业站出来应诉，因为诉讼程序烦琐，成本高昂。加之"搭便车"效应，反倾销诉讼具有了"公共品"特征，更是少有私人企业愿意参与。在这样一种经营逻辑下，中国企业对外投资的跨越贸易壁垒的动机自然不会像经济学理论预期的那么"奏效"。相反，汇率问题是"逃"不掉的，每个企业必须根据汇率变动做出成本和收益的正确判断，还要包括规避汇率风险的种种考虑。本币升值出口不划算了，就要适时考虑对外投资的可能性。因此，经济学理论关于汇率对直接投资影响的一套理论和机制，在理性的中国企业面前也是行之有效的。深入微观层面分析，就不难理解中国企业对外投资行为更"在意"汇率的原因。

3. 贸易规模约束下的反倾销壁垒对中国对外直接投资具有较为显著的解释作用

本书实证研究表明，中国企业面临国外反倾销壁垒是否会激发"走出去"的意愿，是有前提条件的。判断依据就是企业在对方市场的贸易规模大小。具体地，如果我国与东道国贸易额较小，说明市场不很重要，当面临对方的贸易摩擦时，我国企业很可能选择放弃，而不是通过注入投资规避贸易壁垒；相反，如果占东道国市场份额很大，当对方利用反倾销等手段挤压我国产品时，就很有可能"刺激"我国企业通过对外直接投资达到"跨越"贸易壁垒、巩固市场份额的目的。这个结论是易于理解的。同时，也有助于理解为什么现阶段每年中国企业对外投资流量中有很大的比重投向贸易辅助领域，其主要原因还是来自中国企业对于巩固市场地位的重视。

4. 融资因素在解读中国企业"走出去"的行为选择时不容忽视

实证研究一个重要的结论就是融资成本对中国企业对外投资产生一定程度的"负向"效应（在固定效应的六种估计结果中，有三个估计方法通过至少5%水平上的显著性检验，还有一个估计结果基本在 10% 水平上通过显著性检验。弹性大致为 0.53）。这表明融资成本因素在中国企业"走出去"的行为选择中，还是起到不可忽视的作用。

笔者认为，导致这种估算结果的原因主要是企业在国内受到的融资约束。这可能暴露出我国中小企业在经营发展中面临较为严重的信贷配给，融资效率低下。国内的中小企业在国内不能便利地获得融资支持，必然会产生较为强烈的域外融资动机。为获得域外信贷资金的支持，就需要在国外设立子公司、分公司，从而推动对外投资的形成。

5. 现阶段中国企业对外投资的"资源寻求"和"优良资产价值寻求"动机没有想象的那么显化

实证研究发现，中国企业对外直接投资表现出一定程度的"资源寻求""优良资产价值寻求"等特征。但是，这些动机从总体上看并不很显化（例如，固定效应模型下，"资源寻求"动机均没有通过显著性检验）。

可能有学者会质疑，在中国对外直接投资中，资源寻求型的单笔投资金额巨大，往往位居当年全球并购案的前十位。似乎"能源寻求"动机应该在中国对外直接投资回归分析中表现出"强劲"的解释力。不过，近来也有学者指出，尽管这种能源寻求型投资的单笔金额大，但是，这类投资案的数量还是相对较小。中国企业多数的对外投资还是由生产加工类、贸易服务类构成。虽然它们单笔金额不像资源寻求型对外投资那样巨大，但是，投资案的数量相当庞大。总体上看,占据了现阶段中国对外直接投资的主流。

同时,经济危机似乎没有成为一种重要的"契机",推动国内企业大量收购外国优秀企业资产,进行对外投资;也没有成为一种显著的"转折点",阻碍中国企业"走出去"的步伐。至少从数据方面看,这个因素似乎对现阶段的中国企业对外投资行为影响不大。笔者认为,这可能是因为尽管中国企业看到这一"契机",然而,想要抓住机会,在国际市场上买到质高价廉的优秀企业资产也不是轻而易举的事,它需要高水平的甄别能力和管理能力。纵观国内企业,目前能够做到这一点的寥寥无几。因此,即便是"契机",也不一定会真正"刺激"国内企业进行对外投资以实现资产的升级和优化。

(二)一般化的传导路径剖析

进一步地,笔者尝试勾画影响中国企业对外直接投资的传导路径,剖析货币、贸易壁垒、汇率等因素在中国企业海外投资决策中的影响作用,以及其他变量如市场规模、融资成本、能源禀赋等因素如何影响企业对外投资决策。考察贸易壁垒、汇率对企业投资决策的综合传导路径,笔者发现:诱发性因素、阻碍性因素、调节性因素以及控制性因素是并存的。企业能否做出对外直接投资的决策关键取决于这几者之间的权衡。

理论分析表明,东道国对我国出口产品关税、反倾销税的征收客观上增强了企业对外直接投资模式下的边际成本优势以及产量优势，激发我国企业"走出去"的跨越动机。因此，关税壁垒、以反倾销为主的非关税壁垒成为企业对外投资的诱发性因素。

阻碍性因素主要来自对外投资建厂的固定成本和风险成本投入。实际上，企业是否会选择对外投资，关键在于对外投资模式下产品边际成本的比较优势是否能抵消掉建厂的投资固定成本以及风险成本。

调节性因素主要来自汇率。汇率又受到本国和外国货币政策的影响。调节性因素最终站在对外投资的诱发性因素还是阻碍性因素的"阵营"，取决于实际汇率的升、贬值方向。若本币升值，以市场所在国货币衡量的成本将会上升，导致反倾销模式下的利润变薄，从而有利于企业做出对外投资的选择。此时，汇率因素就站在对外投资的诱发性因素的"阵营"；相反，若本币预期贬值，导致对外投资模式下的利润下降，从而不利于企业对外投资的形成。此时，汇率因素就转变为对外投资的阻碍性因素。

控制性因素主要包括贸易规模、融资成本和能源禀赋。实证研究表明，在遭遇反倾销壁垒时，企业是否会选择对外投资，受到贸易规模的约束。此外，融资成本、能源禀赋差异也对中国企业海外经营有一定程度的影响。

综合理论分析和实证研究的结果，笔者总结贸易壁垒、汇率等因素对中国企业对外直接投资决策的影响机理及传导路径，如图 7-1 所示。

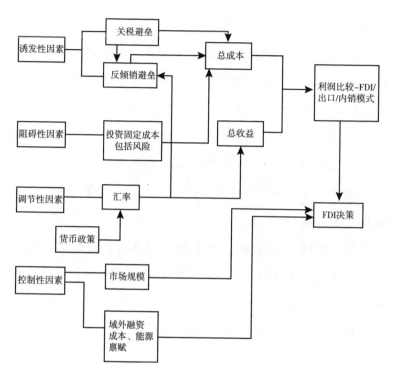

图7-1　贸易壁垒、汇率等因素对中国企业对外直接投资
决策的传导路径

二　"诱发型"对外直接投资形成机制的
案例考证：海尔与华为

　　海尔集团和华为技术有限公司，作为中国最具影响力的
代表性企业和中国企业国际化的先驱，为其他企业留下很多
启示和思考的空间。汇率、贸易摩擦等因素在机制上对海尔
和华为的对外投资决策起到什么作用？其"走出去"的路
径选择具有什么特点？在"走出去"道路上遇到哪些障碍？

本节将结合上述问题进行相关的案例研究。

　　创立于 1984 年的海尔，是在引进德国利勃海尔电冰箱生产设备和技术的青岛电冰箱总厂基础上发展起来的。在公司首席执行官张瑞敏的领导下，海尔经过 20 多年的艰苦奋斗和不断创新，先后经历了名牌战略（1984~1991 年）、多元化战略（1992~1998 年）、国际化战略（1998~2005 年）以及全球化品牌战略（2006 年至今）四个发展阶段，逐步从一个濒临倒闭的集体小厂跃升为家电行业有影响力的中国企业。

　　华为创建于 1988 年，创业地点设在深圳。借助地理优势，华为从香港进口程控交换机等设备，转手销往内地农村市场，以此积累企业初期的发展资金。20 世纪 90 年代，中国电信产业迎来高速发展时期。为抓住这一历史性市场机遇，1995 年，华为成立了知识产权部及北京研发中心，标志着华为开始成为一家拥有自主创新能力的高科技企业。华为的崛起不仅源于产业政策扶植和难得的市场机遇，市场发展战略定位也是至关重要的。华为先后经历了国内市场崛起阶段（1988~1998 年）、艰难的国际化初级阶段（1996~1999 年）、国际化快速发展阶段（2000~2004 年）以及全球发展战略阶段（2005 年至今），从一家小企业跃升为在全球通信业具有影响力的知名跨国企业。

（一）规避各种壁垒的"走出去"形成机制

　　与一般化理论分析类似，海尔和华为的"走出去"战略是在应对各种形式壁垒（包括反倾销、汇率）和不确定性的基础上逐步形成的。近年来,伴随着国际市场的竞争日趋激化,围绕家电行业的贸易摩擦频频出现。2004 年 4 月底,美国商务部对我国彩电出口反倾销案做出最终裁决。在历经长达 15 年的欧盟对我国彩电反倾销的应诉"马拉松"(1988 ~ 2002 年)后,美国的反倾销大棒再次砸向国内彩电企业。作为国内最具影响力的家电企业,在一轮轮反倾销调查案中,海尔都是榜上有名。

同样地,反倾销、贸易保护主义的抬头,使华为正面临国外的市场封锁。特别是在全球性金融危机的背景下,各国更注重增加内需、刺激需求、保护本土厂商的利益,贸易保护主义进一步加剧。2009 年底,印度针对中国的同步数字传输设备 SDH 提出反倾销调查,涉案企业除中兴、华为,还有上海贝尔、烽火通信等。2010 年 6 月,欧盟针对中兴通讯、华为、仁宝等企业生产的无线数据卡(俗称网卡)进行反倾销调查。这起涉案金额超过 40 亿美元的"网卡案"开启了"中国高科技领域重大金额反倾销案"的先河。

不利的因素还包括汇率。根据海尔 2004 ~ 2007 年年报数据,自 2005 年起,企业在经营过程中由于汇率变动产生的各种费用不断增加,汇兑损益在净利润中所占的比重也越来越大,已经从 2005 年的不到 0.04% 增加到 2007 年的 5.6632%,而且在绝对数值上,2007 年的汇兑损益已经达到 2005 年的 55.56 倍。三年中,企业汇兑损益对净利润的变动幅度达 142 倍,远远超过了人民币币值的变动程度,海尔也由此遭受了经济上的巨大损失。

让中国企业更为担忧的是反倾销调查有可能引发的连锁反应。如果一个国家（或地区）发起保障措施调查且情况属实，并采取以下措施：提高关税、数量限制和关税配额。届时，不仅出口产品在该国（或地区）市场的价格竞争力会受到巨大影响，同时，还可能引发其他国家针对其他相关产品再次发起反倾销调查。在彩电"中招"后，作为全球最大的空调生产基地，中国空调企业是否会面临同样的命运？海尔空调的出口量占到中国总销售量的1/3，若遭遇反倾销，海尔势必难逃厄运。果然，从 2002 年阿根廷对中国空调企业进行反倾销调查开始，截至 2005 年底，先后有特立尼达、多巴哥、美国、土耳其、欧盟等对我国空调企业进行反倾销诉讼。其中，美洲小国特立尼达和多巴哥最终裁定对我国海尔等 7 家空调企业的产品分别征收 52.79% ~ 343.16% 的反倾销税，而特、多两国的裁决很可能成为后续其他国家裁决的依据和范本。

此外，在高科技行业，知识产权作为一种技术壁垒手段，华为的"走出去"不可避免地要面对各种专利技术和知识产权纠纷以及市场遏制。2010 年 7 月，摩托罗拉（Motorola Inc.）起诉华为技术有限公司窃取其商业秘密。据国际数据公司（IDC）驻香港分析师罗杰斯（Bill Rojas）分析，摩托罗拉的指控即使未经证实，也可能给华为在美国的业务扩张增加难度。这起案件让人联想起华为过去几次与侵犯知识产权有关的国际纠纷。其中，最著名的是思科系统公司（Cisco Systems Inc.）于 2003 年指控华为盗取了它的路由器代码。

实际上，所谓涉及知识产权的讼诉在国外，尤其是在美国这个知识产权保护及相关法律比较发达和完善的市场已经司空见惯。在当今的商业社会，利用知识产权诉讼已经成为公司保护创新和市场、遏制对手的一种商业竞争手段。尤其在高科技竞争领域，知识产权从来都是商业利益的一块"遮羞布"，在它的下面，必然是赤裸裸的商业竞逐。对华为而言，北美市场的开拓，其难度远在欧洲以及其他发展中国家新兴市场之上。在新兴市场攻城拔寨的华为，近年来一直寻求通过对外投资收购打开北美市场的壁垒。

面对来自全行业范围内跨国经营的种种壁垒及不确定性，海尔和华为采取的应对策略包括：①通过技术创新和管理创新，进一步改善产品性能，扩大生产规模来降低生产成本；②依托科技进步，推动产业升级，向信息技术等高端产业靠拢；③充分发挥现有品牌、网络、技术优势，实现相关产品市场的多元化，尽可能获取更大范围的经济利润。其中，在海外直接投资建厂应该是第三种策略的具体表现，跨国投资是破解市场所在国反倾销调查困局、规避汇率波动风险的一种有效途径。因此，海尔和华为的"走出去"行为是规避跨国经营中面临的各种形式壁垒的理性选择。

（二）区位选择与市场进入的"渐进主义"路径

根据企业国际化理论（如瑞典的 Johanson，Vahlne，Wiedersheim-paul 以及芬兰学者 Luostarinen 等提出的企业国际化理论①），通过对企业行为的研究，学者们发现企业国际化是遵循渐进主义发展规律的。即最初的与外部市场联系是从偶然的、零星的产品出口开始。随着出口活动的增加，母公司掌握更多的海外市场信息和联系渠道，出口市场开始通过外国代理商而稳定下来；随着市场需求的增加和海外业务的扩大，母公司决定有必要在海外建立自己的销售子公司；最后，当市场条件成熟时，母公司开始进行海外直接投资，建立海外生产基地。当然，在这一阶段，由于市场份额的日益庞大，贸易摩擦通常也在不断加剧。出于保护自身利益的考虑，东道国可能采取各种贸易壁垒措施限制出口企业的发展。为了规避这些壁垒，站稳市场，出口企业在时机成熟时会考虑战略性投资（Strategic Investment）。

实践中，海尔和华为的"走出去"路径，充分体现了企业国际化理论倡导的"渐进主义"思想，采取了由简单到复杂、先易后难、循序渐进的发展路径，即"间接出口—直接出口—海外生产""先发展中国家投资建厂—后发达国家投资建厂""先绿地投资（股权安排多为合资）—后并购投资（股权安排为独资）"等，具有较为强烈的规避域外经营风险色彩。

① Jan Johanson and Finn Wiedersheim-paul：《企业的国际化——四个瑞典案例》，《管理研究》1975 年 10 月；Jan Johanson and Jan-Erik Vahlne：《企业的国际化过程》，《国际企业研究》1977 年第 8 卷，第 23～32 页；Jan Johanson and Jan-Erik Vahlne：《国际化机制》，《国际营销评论》1990 年第 7 卷；R. Luostarien：《企业的国际化进程——不同的研究方法》，赫尔辛基经济学院，1978 年。

在国际化路线选择上，华为采取"先发展中国家，后发达国家"的市场路线，稳步拓展，逐步壮大，以拉丁美洲、非洲及俄罗斯市场为先，积累经验，规避风险，逐渐占领欧洲市场，最后进入北美市场的国际化道路。下面，以海尔为例，深入剖析"渐进主义"国际化路径所表现出的具体特点。

首先，从海外市场进入方式选择上，遵循"先有市场，再建工厂"的原则，即对任何一个国家或地区的市场，海尔都是以贸易方式先行进入；当对该地区出口数量达到或超过一个企业的产量时，再考虑在该地区投资建厂。海尔这种做法与本书第五章实证研究得出的主要结论相符。在企业对外投资决策过程中，市场规模是一个重要的控制变量。只有当市场规模逐渐变得庞大，企业在面临贸易摩擦时，才会考虑进行对外投资。一开始贸易规模较小时，不会产生跨越壁垒的强烈动机。而且在最初阶段一般也不会与东道国产生贸易摩擦。总结海尔对外投资的一些重要细节可以发现，①在大多数绿地投资项目中，股权安排上，海尔大都采取合资方式，这主要考虑充分利用当地的销售渠道资源，加快市场进入速度，减少海外经营风险等因素。实际上，客户渠道对于消费类电子产品企业始终是最重要的资源。这应该是海尔本土化战略中非常鲜明的一个特点。②海尔对待跨国并购行为的处理非常谨慎。一般要经过五年左右时间积累了十几项绿地投资的经验后才考虑海外并购。海尔在具体经营方式上的审慎选择表明，中国企业在海外投资过程中具有较强的风险控制意识。毕竟，我国企业跨国经营的时间不长，管理经验不够丰富，对于外部风险的化解能力还有待提升。

其次，海尔在海外投资的地域选择上，遵循"由近及远"的原则。先是考虑在中国香港设贸易公司，然后是东南亚，最后是美国、欧洲等。从文化渊源上看，地理位置较近的香港、东南亚受华人经济文化的影响比较深远，融合起来相对容易；而地理位置相对较远的美国、欧洲等西方社会，中西文化差异相对较大。还有一点，在印尼等发展中国家先行建立生产线具有生产成本的比较优势。同时，海尔可以利用自身的所有权优势和内部化优势，有效运作管理海外企业，为下一步向发达国家投资拓展积累跨国管理经验。海尔对外投资的这种"由近及远"的地域选择实际上也遵循了经济文化差异"由小及大"、经营管理"由易到难"的客观规律，可归为规避域外经营风险的考虑。

最后，海尔在海外投资中关于项目的选择，遵循了"由单一到多样、由简单到复杂"的渐进产品路线。先是选择与当地公司相比最具竞争优势的一个产品/业务进入，等站稳脚跟后再逐渐增加产品/业务的种类。张瑞敏指出："我们现在的产品有几十个系列、上万个规格，但不是一下子进去，而是排成一列纵队。如果哪个产品在当地市场最受欢迎，就让它做纵队的排头兵，它站住了，其他再跟进。比如说，在美国，我们先让冰箱打入；但是在欧盟，我们是让空调先进入，因为欧盟过去不用空调，现在开始用了，我们进去就是一个很好的空间。在东南亚，主要是让洗衣机先进入，因为他们的消费比较低，开始选择家电一般会选择洗衣机。"①

　　与其他本土企业相比，为什么海尔和华为在国外屡次反倾销中遭受的损失总体看相对较小？笔者认为，主要在于海尔、华为"走出去"战略实施得比较早。当然，海尔、华为战略的前瞻性与其在行业内的市场规模扩张速度以及资本积累速度也有很大关系。反思中国彩电在欧洲遭遇"反倾销"的惨痛教训，为跨越反倾销壁垒（当时人民币汇率还不是主要问题），早在1996年，海尔就开始在印度尼西亚布点，建立第一家海外生产企业，迂回出口到海外市场。从20世纪90年代后期开始，海尔大量追加对发展中国家和地区的投资，其规避贸易壁垒的动机是很明显的，而且布局比较早。与其相比，国内其他家电巨头如康佳等，为应对欧美贸易壁垒，2004年才推出了所谓的"1568大航海计划"②。

　　在海外投资的区位和项目选择上，海尔和华为综合实现了规避反倾销等贸易壁垒、化解汇率风险及其他经营风险的

---

　　① 胡泳：《张瑞敏如是说》，浙江人民出版社，2003。
　　② "1568大航海计划"，其中每个字都暗含康佳的海外市场战略。"海"意指海外市场，"大航海"表示康佳将大踏步迈向国际化。而"1568"的含义具体表示为：1个目标，打造一个具有全球知名度的国际品牌；5个制造基地，墨西哥基地、印尼基地、土耳其基地、泰国基地、中国基地；6个研发中心，除中国本部研发中心外，在原有美国硅谷研发中心的基础上，还将分别在日本、韩国、法国、印度等设立工业设计中心、产品研发中心、软件开发中心等；8个市场板块，北美市场、欧盟市场、东南亚市场、拉美市场、中东市场、东欧市场、非洲市场、澳洲市场。

目标。具体地，如果投资于周边的发展中国家或地区（如印尼、马来西亚、越南等），生产的产品"再出口"到目标市场国，这种生产转移型投资一般适用于劳动密集型产品，可以在一定程度上进行产业转移，把生产在全球范围内配置，起到迂回规避反倾销的作用。不过，这可能涉及第三国汇率波动风险，需要通过跨国公司内部化运作得以化解；如果直接投资于发达国家（如目标市场美国、欧盟等），生产成本的"location-specific"的特点要求企业在选择投资项目时，资本、技术要素的密集度相对高一些。通过技术获取型投资路径充分吸收发达国家的先进技术，提升自身产品的档次和产品差异化程度，同样可以达到规避反倾销的目的。当然，汇率风险在这种情况下会比较小。总之，海尔和华为在对外投资决策过程的每个细节上，都尽可能规避各种形式的壁垒以及不确定性所引发的经营风险。

（三）海尔和华为"走出去"的路径选择留给中国企业的思考

海尔和华为的成功国际化为市场寻求型企业的海外拓展提供了可资借鉴的经验。目前，这两家知名企业还在继续实施它们的国际化进程，不断传输新的经营理念和思想。这些新的变化为一大批正在从事或准备从事对外直接投资的中国企业预留了很大的思考空间。在海尔和华为的案例中，一个引人深思的问题是：生产转移型投资抑或技术寻求型投资，孰是规避反倾销的长远之计？

　　企业规避反倾销的对外直接投资路径主要有两条：生产转移型投资和技术获取型投资。应该说，这两条投资路径各有侧重。综合考虑企业对外投资的产业（产品）选择、区位选择和市场进入方式选择，笔者认为，劳动密集型产业（产品）应该通过生产转移型投资路径，在一定程度上向劳动成本更具有竞争优势的国家或地区（比如我国周边的发展中国家）进行产业转移，实现生产要素在全球范围内有效配置，采取迂回出口的方式以规避目标市场国的反倾销；技术密集型产业（产品）则通过技术获取型投资路径，在发达国家（目标市场国）设厂，充分吸收、消化发达国家的先进技术，提升自主创新能力，提高产品差异化程度，同样可以达到规避反倾销的目的。由此可见，无论生产转移型投资抑或技术获取型投资，在功能上都可以起到跨越贸易壁垒的作用。但是，与前者相比，后者更加立足于长远利益，是治本的策略。

　　海尔集团的"三步走"战略即"走出去、走进去、走上去"，恰恰体现其对外投资路径的重心逐步由"生产转移型"调整为"技术寻求型"。"走出去"是初级阶段的对外投资。在这一阶段，海尔更多倾向的是生产转移型投资，具体表现为20世纪90年代后期在周边发展中国家的大量投资布点（1996年在印尼，1997年在菲律宾、马来西亚）。随着跨国经营管理的经验积累日益完善，海尔开始转入"走进去"阶段。在这一阶段，大量增加的是市场寻求性投资，表现为开始在美国（1999年）、欧盟（如2001年在意大利）

建厂设点。

如今，海尔的国际化已进入第三阶段"走上去"。在这一阶段，对技术、管理、服务的要求更加苛刻。为此，海尔加大技术寻求型对外投资的力度，在美国、法国、德国、日本等发达国家设立 10 个信息中心，6 个设计研发中心，根据当地消费习惯和风格设计能满足当地消费者需求的产品。不仅仅强调"走出去"，海尔在"引进来"方面也下足了功夫。海尔中央研究院位于青岛市高科技工业园海尔路 1 号海尔工业园内，致力于自主研发创新，承载着为其产品提供核心技术支持的使命。目前，研究院联合美国、日本、德国等国家（地区）的 28 家具备一流技术水平的公司，并利用全球科技资源的优势在国内外建立了 48 个科研开发实体。

海尔的国际化转型为在困境中挣扎的中国企业提供了参考和范本。作为目前的世界制造业中心，必须承认，我国企业利润的获取主要来源于生产成本的优势，而不是技术优势。利用生产转移型投资规避贸易壁垒，在短期可能行之有效，但是，本土企业利润的获取、对外投资的生产转移深度、价值增值程度等都会受到来自各方力量的约束。在长期，考虑本土企业之间的市场博弈、企业与目标国政府监管部门及东道国政府监管部门之间的规避与反规避博弈的结果，笔者认为沿这条对外投资路径"走出去"会变得越发艰辛、狭窄。

有什么办法可以改变这种被动局面呢？从长期看，本土企业应该立足于技术寻求型投资的道路。只有这样，才能从根本上解决长期困扰中国企业的一系列难题，包括反倾销、人民币升值压力、缺乏自主品牌、专利陷阱、产品低端等。当然，这样做需要长期的研发投入并承担研发风险，近期见不到功效。但是，成长是没有捷径的，一个未来的国际知名企业必须扎扎实实地走好这条路。

在这方面，华为也有成功经验可循。华为经历了长期的艰苦奋斗，在屡战屡败、屡败屡战中搏杀，在激烈的市场竞争中脱颖而出，成为中国制造的楷模和标杆，成为改变世界通信制造业竞争格局的中国力量。二十几年如一日，华为一直拿出销售收入的 10% 作为研发投入，投入强度之高，都远远大于其他中国企业。持续不断的高额研发投入、重视申报专利并积极参与技术标准的制定是华为保持长期国际竞争力的有效手段。

为加快创新速度，华为在企业内部设立"华为发明家"等奖项，鼓励和表彰为企业研发做出贡献和获得专利的科技人员。为获取外部人力资源，提升研发部门的快速反应能力，华为在欧洲设立 4 个研发中心，拥有 1100 人的团队，其中 75% 为当地雇用，人员架构分部达 30 个国家。

知识产权在电信企业的国际竞争中已经变成一种"战略武器"。许多发达国家的跨国企业在国内外获取专利，保护和延伸其技术优势，对发展中国家后发型企业的成长构成严重的制约。因此，后者若想突破前者的技术壁垒，除了依靠大量的研发投入，还要积极申报专利并参与新技术标准的制定。与国内其他企业相比，华为在这方面做得比较好。截至 2008 年 9 月，华为累计申请专利 32822 件，包括中国专利申请 24073 件、国际专利申请 4858 件、国外专利申请 3891 件；截至 2007 年底，华为加入 83 个国际标准组织，如 ITU、3GPP、3GPP2、OMA、ETSI 和 IETF 等。

另外，企业在知识产权保护的法律意识和投入培训方面也刻不容缓。由于我国在知识产权使用、保护及对国内公司的法律支持上仍缺少系统的规则，实施"走出去"的中国企业大多不熟悉知识产权的法律运作，很容易遭受国外市场的技术歧视、排斥及知识产权问题的纠缠。特别是对于像华为这样的公司，竞争性产品中专利技术交叉使用、互为授权的比重很大，更是国际竞争对手重点打击的对象。2003 年思科诉华为侵权案以及 2010 年摩托罗拉诉华为侵权案都是这方面很好的例子。华为近来所遭遇的知识产权纠纷对其他中国企业给出重要的启示和提醒。作为走国际化之路的中国企业，必须强化自身知识产权保护的法律意识，同时，公司对知识产权的界定要与国家参与的知识产权政策同步，否则，单凭一家企业的力量很难抗拒发达国家所设置的知识产权障碍。

三 "诱发型"对外直接投资形成机制的国别比较研究：中、日、韩

本节将针对中国企业"走出去"与日本、韩国企业之间进行深入地比较研究，重点阐释各自企业在对外投资的机理及诱发因素、市场进入路径、区位选择、产业布局等方面

的差异。作为兴起于 20 世纪七八十年代的日韩企业大举对外投资行为，其背后所蕴含的社会背景和动因，将为 21 世纪初的中国企业海外投资提供有益的经验和借鉴。

（一）日本对外直接投资"诱发"机制分析

与目前的中国企业一样，早期的日本对外投资主要是为促进贸易进行的。这一事实符合企业国际化理论，也与本书实证研究得出的主要结论相吻合。当时日本对外投资的大部分来自于贸易公司和为贸易融资的银行。少数日本制造商在 20 世纪 60 年代末和 70 年代进行了一些投资，但主要还是和贸易活动相关。到 1980 年，日本在美国批发贸易领域的外商投资中占 37%，而制造业则不足 5%。

贸易保护主义的加剧是日本对外投资活动的催化剂。在受到某一国家贸易保护措施的威胁、且在该国采取行动之前，企业通过投资该国以减少其实施保护措施的可能性。这就是能够化解贸易壁垒威胁的"防御性"对外投资。[1] 日本在 20 世纪 80 年代通过防御性对外投资消除市场国贸易保护影响的案例恰好说明了这一点。日本通产省对 1980～1986 年进行海外投资的日本企业进行的调查表明，绝大多数企业将"避免贸易摩擦"作为它们对外投资的主要动机。

自愿出口限制（voluntary export restraints）被认为是推

---

[1] Bhagwati, J. N. , "Elias Dinopoulos, and Kar-Yui Wong. Quid pro quo foreign investment," *American Economic Review*, Vol. 82, No. 2, 1992.

动日本汽车和彩电制造业海外投资的重要诱发因素。1981
年，日本企业开始主动限制对美汽车出口，让美国汽车业可
以有时间进行必要的调整，来提高其产品对进口产品的竞争
力。直到 1984 年，日本企业每年都更新限制数量。《汽车自
愿出口限制协议》导致日本汽车制造商最终到美国建厂生
产。当时，三大日本汽车制造商生产的汽车占日本出口到美
国汽车总数的 75%。在执行了《自愿出口限制协议》之后，
这三大日本汽车制造商开始在美国大量投资建设汽车组装生
产车间。出口限制的实施也体现在日本彩电和半导体行业。
Blonigen 从经验角度证实了贸易保护主义的威胁对日本在美
投资的影响显著。①

从宏观经济角度看，汇率是导致日本企业大量"走出
去"的重要诱因之一。1970 年，日本对外直接投资总额仅
为 9 亿美元。1985 年"广场协议"后，日元的迅速升值和
国内资产价格的大幅攀升推动企业"走出去"，日本对外直
接投资急剧增加。1986～1988 年 3 年时间对外投资共计
1028 亿美元，超过了战后 1951～1985 年 35 年累计对外投资
总额 837 亿美元。1989 年，日本对外直接投资为 441 亿美
元，超过了美国的 368 亿美元和英国的 352 亿美元，首次跃
居世界第一位。日本向美国和欧洲国家投资的主要目的是绕
开 NAFTA 和 EU 的贸易壁垒，而对东亚国家投资的主要目

① Blonigen B. , "Explaining Japanese Foreign Direct Investment in the United States," Ph. D. dissertation, University of California, Davis, 1995.

的是降低生产成本。这就相当于是利用东亚国家廉价的劳动力生产商品，再将其出口到欧美国家。这样做，可谓一举多得。既扩大了日元升值为企业带来的收益，同时，由于成本低，增强了产品在国际市场上的竞争力。当然，也达到规避目标市场国贸易壁垒的效果。这些增加的对外投资很多是以兼并收购的形式进行的。Blonigen 研究了 1974～1992 年的情况，指出美元对日元疲软与日本企业的并购 FDI 有着很强的相关性。他发现这种效应在有无形资产的行业里更为明显，比如制造业，尤其是高科技产品。

　　日本的例子再次印证第五章的理论假说和第六章的实证结论。在"货币—汇率—贸易摩擦—对外投资"之间确实存在较为稳定的传导路径和机制。当消费跨期弹性大于 1 时，本国货币波动性的加剧，将会伴随着本币实际升值、贸易摩擦升级以及企业对外投资意愿的高涨。前面已经提及，在 20 世纪 80 年代初期至 90 年代中期，日本正处于对外贸易摩擦频频触发、日元迅猛升值、日资企业大量对外扩张的时期。通过图 7-2 发现，在这段时期，总体上看，日本的货币波动幅度（M1）也确实在不断放大。

　　另外，在海外市场进入方式选择上，与中国企业类似，日本企业基本上遵循"先有市场，再建工厂"的渐进化原则，即对于任何一个国家或地区的市场，都是以贸易方式先行进入；当市场规模发展得足够大时，再考虑在该地区投资建厂。在投资的具体形式方面，20 世纪 80 年代，日本对外投资主要采取并购方式。表 7-1 给出了日本 1980～1989 年

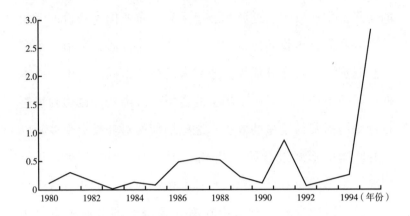

图 7 - 2　日本货币波动幅度变化趋势（1980～1995 年）

资料来源：货币供给量 M1 月度数据来自经济与合作组织（OECD）网站；年度货币波动性数据经笔者计算得到。

对美并购和绿地投资的价值总额对比情况。绿地投资和并购在前五年（1980～1984 年）所占比例大致相当，而日本企业并购活动的显著特征是其在后五年（1985～1989 年）的迅猛增长。如前所述，这段时期并购活动的猛增可能是受日元升值和日本国内资产价格大幅上升因素的影响。

表 7 - 1　1980～1989 年日本对美 FDI 投资类型

单位：百万美元

年份	收购	绿地投资	年份	收购	绿地投资
1980	521	75	1985	463	689
1981	469	147	1986	1250	4166
1982	137	450	1987	3340	3666
1983	199	193	1988	12232	3956
1984	1352	454	1989	11204	6206

资料来源：美国经济分析局。

（二）韩国对外直接投资 "诱发" 机制分析

韩国自 20 世纪 80 年代中期起，对外直接投资迅速增加，起步时尚属普通的发展中国家，随着经济的成功转型，最终诞生了三星、现代、LG 等国际知名跨国公司，韩国也步入新兴工业化国家的行列。[①] 因此，研究韩国对外直接投资的机制及路径特点对我国企业实施 "走出去" 战略具有重要参考价值。韩国对外直接投资具有明显的阶段性特征，迄今为止经历了三个发展阶段。

（1）贸易型投资阶段（1968 ~ 1980 年）。在韩国政府 "贸易立国" 的出口导向战略的影响下，一批大垄断财团迅速走上对外经济扩张的道路。1968 年，南方开发株式会社向印度尼西亚投资 300 万美元开发森林资源，揭开韩国企业对外投资的序幕。之后，现代财团等开始涉足中东国家的建筑业和贸易业。这一时期，韩国对外投资规模较小，对外直接投资项目仅 278 项，累计总额约 1.42 亿美元，主要是贸易辅助型的对外投资，企业尚未开始真正意义上的跨国

---

① 经济合作与发展组织（OECD）把发展中国家分为低收入国家、中等收入国家和新兴工业化国家。其中，新兴工业化国家是指工业迅速发展，产业结构变化显著，制成品在出口中所占比重迅速上升，经济发展速度较快，人均收入较高的发展中国家。1979 年6 月，经济合作与发展组织发表了新兴工业化国家报告，将新加坡、韩国、中国香港、中国台湾、巴西、墨西哥、西班牙、葡萄牙、希腊、前南斯拉夫十个国家和地区列为 "新兴工业化国家（地区）"（Newly Industrialized Countries，NICs）。

经营。

（2）自然资源导向型投资阶段（1981~1987年）。韩国人多地少，自然资源极度贫乏，一些重要资源，如石油、铀、原木和天然橡胶等完全依赖进口，这也是迫使韩国企业迅速向外发展的一个重要原因。随着制造业的逐步强大，特别是20世纪70年代石油危机后，韩国政府深刻认识到保障资源供应的重要性。这段时期，对外投资规模开始出现迅速增长，年投资额超过1亿美元，采矿业FDI占比达到50%以上。

（3）制造业对外投资增长阶段（1988年至今）。韩国政府进行了一系列产业政策调整，多方面因素促使制造业对外投资全面、高速增长。制造业对外投资比重开始逐年上升。同时，对批发零售业的投资比例保持稳定，反映大型制造业企业集团以此来保障海外市场份额的长期稳定。1989年，韩国已有43家企业销售额超过5亿美元。其中，前10名进入世界500强企业。1994年，现代公司年销售额650亿美元，三星公司640亿美元，大宇公司360亿美元，均列世界前60名内。

总体来看，韩国对外直接投资增长的主要诱发因素包括贸易不平衡引发的壁垒措施、本币升值、外部能源寻求、本国劳动要素成本优势的丧失以及产业政策的大力扶植等。这些因素相互作用，形成各种对外投资的动机，共同推动韩国企业的海外投资。

经过20世纪六七十年代政府主导的四个五年计划的执行，利用低利率、低汇率、税收减免政策鼓励出口企业，韩国在轻工、重化工等重点扶植领域都有了很大进步，产业的竞争力得到强化，一大批具有国际竞争力的跨国企业迅速占领海外市场。

自 1986 年起，韩国经常账户由赤字转为盈余，外汇储备连年累积，反过来为对外直接投资的进一步扩张奠定了坚实的资金基础。同时，由于与欧美等经济伙伴国的贸易不平衡加剧，出口商品面临越来越多的贸易壁垒限制。20 世纪 90 年代以来，世界贸易保护之风盛行。各发达国家纷纷采用进口商品的数量和质量限制保护本国市场，尤其针对亚洲新兴国家的低价产品设置了进口配额、反倾销和标准认证等一系列贸易和技术壁垒。在美国、欧盟和日本市场，韩国企业的服装、电器等产品均受到限制。1987 年，美国取消了对韩国关税优惠。对以出口为导向的韩国企业来说，只有走出国门对外投资，绕过贸易保护壁垒才能维持企业的发展。国际经济环境的变化迫使韩国企业不得不加快国际化步伐。

汇率因素在韩国企业对外投资的时机选择上也产生重要影响。1980 年之前，韩国采取固定汇率制度，韩元对美元的汇率基本维持在 1 美元兑换 484 韩元的水平上。1980 年，韩国开始实施有管理的浮动汇率制度。韩元曾经一度贬值，到 1985 年，韩元汇率最低到了 1 美元兑换 861.4 韩元。之后，在美日两国的压力下韩元开始逐渐升值。升值趋势持续到 1989 年。直到 1997 年亚洲金融危机爆发，韩币币值一直高于 1985 年的最低点。由此可见，正是在韩币升值开始之后，韩国对外直接投资有了大幅度的增长。所以，在对外投资时机的选择上，汇率因素确实对韩国企业"走出去"起到一定的推动作用。

此外，与日本类似，在韩国面临贸易摩擦加剧、韩币升值、对外投资规模扩张的这段时期（主要指 20 世纪 80 年代中期至 90 年代中期），货币因素在对外投资的整个传导链条中，也起到重要的作用。货币波动性的不断加剧，"助推"韩国对外投资规模的不断提升（与第六章针对中国数据进行的实证估计结果一致）。图 7 - 3 给出韩国货币（M1）波动幅度的变动趋势。

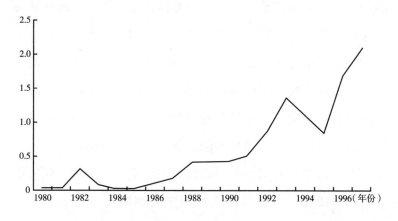

图 7 - 3　韩国货币波动幅度变化趋势（1980 ~ 1997 年）

资料来源：货币供给量 M1 月度数据来自经济与合作组织（OECD）网站；年度货币波动性数据经作者计算得到。

（三）"诱发型"对外直接投资形成机制及路径选择的国别比较

日本、韩国企业在"走出去"的诱发机理与路径选择等方面都与我国企业对外投资行为存在诸多的异同点。接下来，笔者将对中、日、韩三国企业的对外投资行为进行比较分析，以期从中获取有价值的经验供我国企业参考和借鉴。

1. 诱发机理与影响因素比较

如本书研究结论所述，东道国贸易保护主义的加剧往往是企业加速对外投资的催化剂。这种以化解贸易壁垒威胁为目的的"防御性"对外投资在中、日、韩三国的海外投资活动中都表现得很突出。例如，日本在20世纪80年代通过防御性对外投资消除市场国贸易保护影响的案例恰好说明了这一点。日本通产省对1980~1986年进行海外投资的日本企业进行的调查表明，绝大多数企业将"避免贸易摩擦"作为它们对外投资的主要动机。又如，国际经济环境的变化迫使韩国企业不得不加快国际化步伐。20世纪90年代以来，发达国家纷纷采用限制进口商品的数量和质量保护本国市场，尤其针对亚洲新兴国家的低价产品设置了进口配额、反倾销和标准认证等一系列贸易和技术壁垒，韩国企业的服装、电器等产品均受到限制。对以出口为导向的韩国企业来说，只有走出国门对外投资，绕过贸易壁垒才能维持企业的发展。与日韩企业相似，中国企业在21世纪初开始的对外投资浪潮也是在贸易摩擦不断升级、激化的国际背景下逐步兴起的。

汇率因素对中、日、韩三国企业直接投资流出的作用程度有所不同，这与本币升值幅度、升值速度有很大关系。例如，"广场协议"后日元大幅、急速升值，日本对外投资也出现急剧扩张。这一时期，日本在海外持有的总资产增长了25倍，其对美投资的比重从1980年的19%攀升至1987年的31%。本币升值引发的对外投资大都以兼并收购的形式进行，而且主要集中在无形资产的行业，比如制造业，尤其是高科技产品领域。[①] 与此相比，尽管人民币升值对中国企业对外投资具有重要的推动作用，但是其触发程度似乎远不及日本的情况那样显著。韩国的情况也是如此。汇率因素对于韩国企业对外投资的重要影响在于投资时机的选择上，其触发投资的幅度也不及日本显著。

从货币层面因素对对外直接投资的影响效果看，中、日、韩表现出共性。在三国对外投资规模呈现快速增长的各自历史阶段（中国为2005～2011年，日本为1980～1995年，韩国为1985～1997年），实际上，三国的货币供给波动幅度在各自历史时期也分别表现出"同向"的扩张态势。当然，根据前面的理论分析推断，中、日、韩三国的消费者跨期替代弹性（包括内、外部）均满足大于1的条件。图7-4给出中国2005～2011年货币波动幅度（M3）的变化走势。

除了货币波动性、贸易壁垒、汇率等重要的诱发性因素外，日韩企业的跨国经营与其国内的经济发展战略、产业政策导向及扶持措施是密不可分的。关于产业政策对一国对外

---

① Blonigen B. , "Explaining Japanese Foreign Direct Investment in the United States," Ph. D. dissertation, University of California, Davis, 1995.

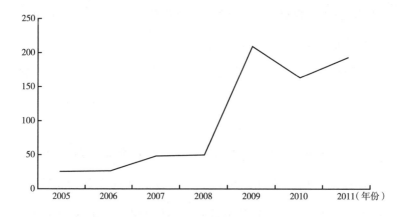

图 7 - 4 中国货币波动幅度变化趋势（2005 ~ 2011 年）

资料来源：货币供给量 M3 月度数据来自经济与合作组织（OECD）网站；年度货币波动性数据经笔者计算得到。

直接投资的助推作用，本书并没有作为研究重点阐释。不过，日、韩海外投资在这方面的特点非常鲜明，所以，在国际比较中，作为我国今后有待完善之处还需要进一步探讨。由于日、韩两国均属国土面积狭小、资源贫乏型国家，国内市场需求有限。所以，两国初期的立国战略惊人的相似，都奉行外向型经济发展战略。在这种战略思想的指导下，争取更多的贸易顺差以实现经济的快速增长成为发展的目标。因此，初期的海外投资也基本上以资源的获取和产品贸易市场的拓展为主要动机。随着贸易顺差的进一步扩大，日、韩产品面临的贸易摩擦日益加剧。为巩固市场，跨越贸易壁垒，日本和韩国不约而同地加大了海外投资的力度。为助力企业的对外扩张，日本政府适时地推行资本自由化方案（1969 ~ 1975 年），韩国在重点发展的产业内也数次推出强有力的投资促进措施，导致两国均掀起了对外投资的热潮。由此可以看出，除了跨越壁垒、汇率等因素外，日、韩两国的经济发展战略和产业政策对于企业的海外拓展起到不可忽视的影响。

近些年来，我国企业所面临的外部环境与日、韩相似。与伙伴国之间的贸易摩擦不断升级，且有愈演愈烈之势。截至 2010 年 7 月，来自美国对华贸易救济案件总数为 104 起；截至 2010 年 3 月，来自欧盟对华贸易救济案件达 152 起，其中，反倾销 149 起，保障措施 2 起，特保措施 1 起。在这种严峻的国际经营环境下，尽管我国政府也相继出台一些具体措施鼓励企业"走出去"，但是，无论在国内经济发展战略的长远谋划布局，还是产业政策助推力度及扶持措施的具体落实等方面，效果似乎都不及日本、韩国。

笔者认为，这在客观上与中国目前所面临的外部环境有密切关系。目前，中国在国际社会的政治、经济影响力逐渐上升，意识形态的差异使以美国为首的西方社会对中国经济的发展始终存在疑虑和担忧。中国政府的一举一动都会引起对方的关注，并挖掘其中隐含的深意。这与当年日、韩经济高速发展期的外部背景有很大的不同。换句话说，中国政府现在要实施某种经济发展战略或产业政策，政策的外部性可能会招致其他国家的异议。尽管存在客观背景的差异，我们应该承认，在对外经济战略的制定、调整以及产业政策及配套措施的出台方面，与日、韩相比，确实尚存"缺乏战略的长期性、战略与政策的一致性、政策及措施的可操作性"

等一系列问题。

2. 市场进入路径比较

在海外市场进入方式选择上，中、日、韩三国企业类似，基本上表现出遵循"先有市场，再建工厂"的渐进化原则，即对于任何一个国家或地区的市场，都是以贸易方式先行进入；当市场规模发展得足够大时，再考虑在该地区投资建厂。

在投资方式上，德勤 2008 年的一份研究报告显示，20世纪 80 年代，日本企业一般比较倾向并购，表 7 - 1 列出1980 ~ 1989 年每年日本海外并购和绿地投资的金额。正如表 7 - 1 所示，前五年并购和绿地投资规模相当，而后五年日本企业的并购活动增势迅猛。这可能是受到日元快速升值和国内资产价格大幅上升等宏观因素的影响。

相比之下，韩国企业海外投资中，独资项目偏多。主要是为控制企业的领导权和决策权，避免和减少同合资伙伴之间可能发生的摩擦和纠纷。而且，韩国的中小企业与大企业在海外投资方式的选择上可能表现出不同偏好。以韩国在华投资为例。2004 年，大韩贸易投资振兴公社（KOTRA）对在中国投资的 529 家韩资企业（中小企业 402 家，大型企业127 家）进行调查，结果显示：中小企业独资比重（64.4%）明显高于合资、合作的比重（29.1%）。但对大企业来说，合资、合作企业占 41.4%，独资企业占 50.5%，二者并无太大差距。另外，有一部分企业由合资、合作转变为独资经营，转变的主要原因是对中国投资环境信心提升、与中方合作者发生矛盾和摩擦以及中方在合资企业中的作用降低。

中国企业对外直接投资还处于初级阶段,绝大多数企业采用合资或绿地投资的方式,兼并收购方式很少。2005 年,一项针对 102 家在欧洲投资中国企业的问卷调查显示,在五种投资方式中,所占比例最高的是"设立办事处、代表处等非生产性分支机构",其次分别是"建立合资企业""新建独资企业""并购国外当地企业""新建合作企业"。由此可以看出,中国企业的跨国经营总体上还处于尝试阶段,我国企业相对日本企业在管理水平、整合外部资源效率等方面还存在很大差距,需要在跨国管理中逐步积累一定经验后才会考虑并购。

3. 区位选择比较

从长期看,日本对外直接投资的区位重点倾向于北美洲,这对于日本企业有许多好处。第一,北美市场容量大,在当地投资可以越过贸易壁垒,缓和美、日贸易摩擦;第二,减少北美区域一体化协定对日本贸易的负面影响;第三,美国高素质劳动力以及先进的技术、良好的投资环境,对日本企业具有吸引力。20 世纪 90 年代以前,日本对外投资的区域分布中,北美洲占 44%,欧洲次之,为 19.5%,亚太地区占 15.2%,拉丁美洲为 12.8%。不过,90 年代以后,亚太地区日益成为日本对外投资的"热点"。

韩国对外贸易投资区域战略与日本类似,主要集中在北美洲和亚洲。初期以北美洲为主。据统计,1986~1990

年，韩国对北美洲和亚洲的投资分别为 905 亿美元和 4.95
亿美元。1989 年之后，注意力逐步转向亚洲。以 1992～
1998 年为例，在这段时间韩国对外直接投资总额为
192.21 亿美元。其中，亚洲为 86.21 亿美元，占总额的
44.85%；北美洲为 51.30 亿美元，占总额的 26.69%。二
者合计达 137.51 亿美元，为总额的 71.54%，在其他地区
的投资仍然不足 30%。

　　总体来看，在日、韩的对外投资中，基本上呈现出
"两条腿走路，有所侧重"的特点，即对亚洲发展中国家和
美国等发达国家均进行投资。其中，在北美洲投资的比重相
对较大，对亚太地区的投资比重则逐步上升。同时，在亚洲
区域，日、韩对中国大陆的投资占相当大的比重。与之相
比，中国在对外投资的区位选择方面，从投资结构（主要
指地区产业结构和币种结构）看，中国过分集中于地理位置
较为邻近的港澳地区和东南亚国家。截至 2009 年末，我国
境外企业的地区分布中，亚洲占 52.7%，非洲占 12.5%，
欧洲占 15.4%，北美洲占 11.2%，拉丁美洲和大洋洲的占
比分别为 4.9%、3.3%。

　　笔者认为，这种差异主要与我国目前所处的对外投资发
展阶段与日、韩不同有关。我国现阶段大多数企业的国际化
还主要停留在生产转移型对外投资阶段，从劳动成本差异考
虑，自然是选择发展中国家作为生产基地。本币升值虽然对
于资产、技术寻求型投资活动是一个难得的契机，但是，综
合各方面因素的考虑，我国政府在人民币升值的速度和幅度

上采取较为稳健的举措，这在一定程度上削弱了我国企业资产、技术寻求型对外投资的意愿和动机。当然，随着我国产业结构优化调整及企业技术创新意识的不断增强，对外投资重心将会逐步转移为技术、资产寻求型投资。那时，区位选择也会做出相应调整，最终将会接近日、韩的格局，呈现"两条腿走路，各有侧重"的特点。

另外，我国目前的对外投资结构与政府的涉外总体战略思想转变有关。进入 21 世纪以来，随着欧、美区域一体化趋势的不断加强，我国政府更加重视与亚洲邻国以及广大发展中国家的经济合作。还有，从企业的角度看，我国企业对外投资的"审慎""避险"色彩较为浓厚。企业总是期望在文化氛围比较相似的区域（如港澳、东南亚地区）先进行投资，积累一定的海外管理经验后，再择机考虑对文化差异较大的区域（如欧美地区）进行投资。

四　本章小结

结合前两章的理论分析和实证研究，本章第一节进一步剖析中国企业"走出去"一般性诱发机制，并尝试总结针对中国企业对外直接投资的路径。在此基础上，第二节通过对中国家电龙头企业"海尔集团"和电信行业巨头"华为技术有限公司"的案例研究，有针对性地就其"走出去"的诱发因素、具体的路径选择等进行探讨。

在本书点面结合的研究中，笔者发现，个案所展示的一些结论、特点往往是具有共性的。具体表现在以下几方面。

（1）与一般化理论分析相类似，海尔与华为的"走出去"战略确实是在应对全行业各种形式壁垒（包括反倾销、汇率）和不确定性的基础上逐步形成的理性选择。

（2）在海外市场进入方式选择方面，海尔与华为遵循"先有市场，再建工厂"的原则。这种做法与本书第五章实证研究得出的主要结论相符。在企业对外投资决策过程中，市场规模是一个重要的控制变量。只有当市场规模逐渐变得庞大，面临东道国贸易摩擦时，企业才会有强烈的动机对外投资。

当然，在海尔和华为的个案分析中，笔者也总结、凝练出一般化理论分析和数据检验所不能包容的有价值的观点，也是案例研究对一般化结论的补充和拓展。例如，海尔集团的"三步走"战略引发笔者关于"生产转移型投资抑或技术寻求型投资，孰是规避反倾销的长远之计？"的探讨和思考。从长期看，华为国际化的成功经验表明，本土企业应该立足于技术寻求型投资的道路。只有这样，才能从根本上解决长期困扰中国企业的一系列难题，如反倾销、人民币升值压力、专利陷阱等。

本章第三节针对中国企业与日本、韩国企业进行比较研究，侧重从货币波动性、贸易壁垒、汇率等角度，比较、阐释各国企业对外投资的机理及诱发因素。从中寻找、剖析三国企业在对外投资决策细节的共性和差异，为中国企业海外投资提供有益的经验和借鉴。

　　国别比较研究结果表明，尽管所处的国内和国际环境有所不同，各国企业在自身国际化过程中存在一些差异化选择（如区位路径），但总体上仍表现出很多重要的共性规律。而且，这些共性（诸如企业对外投资的诱发因素和机制等方面）与本书前面章节理论和实证研究所得出的基本结论大体吻合。

第八章 结论与政策建议

本章首先总结研究得出的主要结论，然后，在这一判断的基础上，针对目前我国对外投资体制中存在的问题，提出相应政策性建议。

一 主要结论

通过理论与实证研究、案例分析及国别比较，本书着重考察货币、汇率、关税及非关税壁垒（反倾销）等因素对中国对外直接投资流出的影响效应及传导机制。得出的主要结论如下。

（1）理论分析表明，第一，东道国关税率的变动，对本国企业投资意愿度的影响具有不确定性，原因在于关税率与反倾销税率的相互权衡。不过，总体贸易壁垒（考虑关税和反倾销税）对投资意愿度的影响呈单调变化规律，表明东道国总体贸易壁垒的加剧将"诱发"本国企业对外投资的跨越行为。一国企业对外直接投资的跨越行为是否显著，不仅取决于所考量的贸易壁垒种类，还受控于经济体的消费者特征、冲击的来源等因素。第二，货币波动性通过"反倾销税渠道"和"汇率、收益与可变成本综合渠道"对企业的对外投资意愿产生影响。在一定条件下，两个渠道效应叠加，本国（外国）货币波动的加剧将会导致本币升值（贬值），反倾销壁垒幅度上升（下降），贸易摩擦加剧（减弱），从而相对增强（削弱）本国企业规避贸易壁垒动机，促进（阻碍）本国企业对外投资的形成。当然，本国货币波动性对企业对外投资意愿的影响结论较为复杂，与消费者器质特征有关。

（2）与理论分析的预期结果大体一致，中国企业对外直接投资行为的背后确实存在一整套的诱发机制和传导路径。研究结果表明，货币通过汇率和反倾销渠道，对中国对外直接投资的行为选择产生影响。其中，汇率渠道的作用尤其重要和显著。反倾销渠道对中国对外直接投资的诱发作用受到出口规模的约束。关税对中国企业对外投资的"诱发"效应并不显著，且号性不确定（这与本书理论研究部分给出的预期结论相吻合）。总之，中国对外直接投资在贸易壁垒（如关税和以反倾销为代表的非关税）跨越和非贸易（如汇率）壁垒跨越的动机选择上，后者可能更为重要。

（3）汇率、反倾销作为内生于货币的变量，实证研究中将两者作为解释变量对中国对外直接投资进行回归估计，会存在一定程度的内生性问题。相比而言，货币代替汇率和反倾销作为解释变量进行回归，内生性问题较小，估计结果相对准确、可靠。本国货币波动性增加，将推动中国企业对外投资（弹性为 0.63 ~ 0.74）。这一估计结果还表明，在中国的外部经济环境中，消费者跨期替代弹性大于 1。

（4）中国对外直接投资的出口弹性为 0.66 ~ 0.90，融资成本弹性约为 0.53，能源寻求弹性为 0.35 ~ 0.38。可见，巩固和扩张国外市场份额、融资成本及能源寻求等因素构成中国企业"走出去"的其他诱因。

（5）针对反倾销壁垒而言，关税率对其的影响作用程度较大，其次是实际汇率，最后是货币层面因素。其中，本国货币波动性对反倾销壁垒有显著影响，传递率为 0.55 ~ 0.59，而外国货币波动性对反倾销壁垒的影响作用不大。实证数据似乎并不支持"关税壁垒与反倾销壁垒的相互权衡"观点，相反，两者却表现出较为显著的"互补"关系。另外，实证研究还表明，实际汇率与反倾销壁垒之间存在"协整"关系。本币升值会导致遭受外国的反倾销壁垒幅度上升，贸易摩擦加剧。这一验证结果支持第五章理论分析部分的观点。

（6）案例研究显示，与一般化理论分析结论相吻合，海尔和华为的"走出去"战略确实是在应对全行业各种形式壁垒（包括反倾销、汇率）和不确定性的基础上逐步形成的理性选择。在海外市场进入方式选择方面，海尔遵循"先有市场，再建工厂"的原则，这种做法印证了本书实证研究得出的主要结论：在企业对外投资决策过程中，市场规模是一个重要的控制变量。海尔和华为的案例研究进一步揭示，无论生产转移型投资还是技术获取型投资，在功能上都可以起到跨越贸易壁垒的作用。但是，与前者相比，后者更加立足于长远利益，是治本的策略。

（7）国别比较研究结果表明，尽管所处的国内和国际环境有所不同，各国企业在自身国际化过程中存在一些差异化选择（如区位路径），但总体上仍表现出很多重要的共性规律。而且，这些共性（诸如企业对外投资的诱发因素和机制等方面）与理论和实证研究所得出的基本结论大体吻合。

二　中国未来对外直接投资的发展预测

在本研究假定前提的基础上，笔者进一步尝试对我国未来 5～10 年对外直接投资的发展趋势和特点做出推断。

（一）对外投资总体规模快速扩张，预计 2020 年流量达 1600 亿～2300 亿美元，存量达 7600 亿～9500 亿美元

在次贷危机、欧债危机的接连打击下，未来 5～10 年，美、欧、日等各主要贸易伙伴国很难彻底摆脱经济衰退的阴霾。为争夺外部市场，货币战、汇率战、贸易战很可能会接二连三出现。不确定性因素的积聚导致我国经济发展面临的外部环境可能恶化，贸易保护主义进一步加剧。同时，各国经济实力的消长引发汇率持续出现调整，人民币尚存在一定的升值空间。

在本书研究的假设前提下，根据结论 1 和结论 2，笔者判断，未来 5～10 年，我国以规避贸易壁垒和汇率壁垒为主

要动机的生产转移型对外直接投资规模将不断扩大，并带动为制造业提供相关服务的产业对外扩张，由此形成全方位、集群性对外投资格局。

实践证明，这一判断是有根据的。自 2002 年建立"中国对外投资统计制度"以来，从流量和存量看，无论我国对外投资总体规模，还是制造业及相关行业对外投资规模，都呈现出"快速扩张"的态势。在表 8 - 1 中，2002 ~ 2012 年我国总体对外投资流、存量规模分别扩张 32.5 倍（几何平均增速为 41.6%，算术平均增速[①]为 47.9%）和 17.8 倍（几何年均增速为 33.4%，算术平均增速[②]为 34.0%）之多。

表 8 - 1　2002 ~ 2012 年我国对外直接投资流、存量

单位：亿美元

年份	流量	存量
2002	27.0	299.0
2003	28.5	332.0
2004	55.0	448.0
2005	122.6	572.0
2006	211.6	906.3
2007	265.1	1179.1
2008	559.1	1839.1
2009	565.3	2457.5
2010	688.1	3172.1
2011	746.5	4247.8
2012	878	5319.4

资料来源：商务部《2012 年度中国对外直接投资统计公报》。

---

① 笔者利用表 8 - 1 数据计算整理得出我国对外直接投资流量的几何平均增速和算术平均增速。

② 笔者利用表 8 - 1 数据计算整理得出我国对外直接投资存量的几何平均增速和算术平均增速。

对外投资行业数据进一步表明，进入 21 世纪，围绕我国的贸易摩擦和汇率升值压力激增，加速制造业（表 8 - 2 的 C 类）海外转移，同时，也带动为制造业提供相关服务的行业（F、H、J、L 类等）的对外投资步伐。在表 8 - 2 中，2006 ~ 2012 年我国制造业（C 类）对外投资流量扩张超过 9 倍，相应为生产提供各种服务的领域如批发和零售业（H 类）、租赁和商务服务业（L 类）对外投资流量扩张幅度分别约为 12 倍、6 倍。

表 8 - 2 2006 ~ 2012 年我国对外直接投资流量行业分布

单位：万美元

行业分类	2006 年	2007 年	2008 年	2009 年	2010 年	2011 年	2012 年
A 农林牧渔业	18504	27171	17183	34279	53398	79775	146138
B 采矿业	853951	406277	582351	1334309	571486	1444595	1354380
C 制造业	90661	212650	176603	224097	466417	704118	866741
D 电力煤气及水生产	11874	15138	131349	46807	100643	187543	193534
E 建筑业	3323	32943	73299	36022	162826	164817	324536
F 交通运输、仓储	137639	406548	265574	206752	565545	256392	298814
G 信息传输、计算机服务	4802	30384	29875	27813	50612	77646	124014
H 批发和零售业	111391	660418	651413	613575	672878	1032412	1304854
I 住宿和餐饮业	251	955	2950	7487	21820	11693	13663
J 金融业	352999	166780	1404800	873374	862739	607050	1007084
K 房地产业	38376	90852	33901	93814	161308	197442	201813
L 租赁和商业服务业	452166	560734	2171723	2047378	3028070	2559726	2674080
M 科学研究、技术服务	28161	30390	16681	77573	101886	70658	147850
N 水利、环境、公共设施	825	271	14145	434	7198	25529	3357
O 居民服务和其他服务	11151	7621	16536	26773	32105	32863	89040
P 教育	228	892	154	245	200	2008	10283
Q 卫生、社会保障	18	75	na	191	3352	639	538
R 文化、体育和娱乐业	76	510	2180	1976	18648	10498	19634
S 公共管理和社会组织	n. a.	n. a.	n. a.	n. a.	n. a.	n. a.	n. a.
合　计	2116396	2650609	5590717	5652899	6881131	7465404	8780353

资料来源：商务部《2012 年度中国对外直接投资统计公报》。

2012 年，我国对外直接投资流量达到 878 亿美元，占全球的 6.3%，世界排名第 3 位；存量为 5319.4 亿美元，占全球的 2.3%，世界排名第 13 位。以 2002～2012 年几何年均增速的 20%～30%①进行保守性估算，预计 2020 年我国对外直接投资流量将达到 1600 亿～2200 亿美元，存量将达到 8900 亿～11000 亿美元。

（二）对外投资增速超过吸收外资和对外贸易增速，预计 2020 年我国双向 FDI 流量超过 4000 亿美元，形成"资本流动进出大体平衡、贸易结构逐步优化"的格局

对外投资和吸收外资是国际资本流动的两个侧面，两者相辅相成，加快国内企业"特定成本优势"的积累，共同促进企业创新、产业结构升级和区域协调发展。表 8－3 显示，2001～2012 年，流入中国的 FDI 总体上一直保持平稳增长态势。从实际使用外资数额看，保持平稳增长（增长速度②几何平均为 8.2%，算术平均为 9.1%）。相比之下，

---

① 从我国近年（2006～2012 年）对外投资规模扩张的情况看，不同于 2002～2005 年的情况。后者属于对外投资的初期阶段，投资规模起点低，基数小，增长速度翻番。相比之下，前者阶段已经拥有一定的对外投资规模，理论上讲，成倍数的增长不容易实现，增长速度自然会降下来。预测未来 5～10 年，出于保守性估算，笔者认为应该至少能够维持在整个 2002～2011 年增速的 2～3 成。

② 笔者利用表 8－3 数据计算整理得出我国吸收外资的几何平均增速和算术平均增速。

虽然对外直接投资起步晚、基数低，但是，综合来看，2002～2012 年我国对外投资流量增速（几何平均为 41.6%，算术平均为 47.9%）分别超过我国吸收外资流量增速近 33 个和 39 个百分点。

综合考虑几何平均和算术平均两种速度，如果按照目前吸收外资年均增速（8.7%）及对外投资流量年均增速的 20%～30%① （11.2%）进行预测，2020 年我国对外直接投资流量将超过 2000 亿美元，吸收的外商直接投资流量将达到 2100 亿美元，双向 FDI 流量超过 4000 亿美元，"走出去"和"引进来"的流量规模基本相当。

表 8 - 3   2001～2012 年我国吸收外资情况统计

年份	项目数(个)	项目规模(万美元)	外资额(亿美元)	同比增长率(%)
2001	26140	179.3	468.8	15.0
2002	34171	154.3	527.4	12.5
2003	41081	130.2	535.0	1.4
2004	43664	138.9	606.3	13.3
2005	44001	137.1	603.2	- 0.5
2006	41473	158.7	658.2	9.1
2007	37871	197.4	747.7	13.6
2008	27514	335.8	924.0	23.6
2009	23435	384.2	900.3	- 2.6
2010	27406	385.8	1057.4	17.4
2011	27712	418.6	1160.1	9.7
2012	24925	448.2	1117.2	- 3.7

资料来源：商务部外资统计，另外，外资额为实际利用外资统计数据。

---

① 选取我国 2002～2012 年对外投资增速的 2～3 成进行预测。

　　另外，制造业的海外转移不断增强"制造业服务化、服务业信息化、服务业国际化"① 的发展趋势，导致对外投资增速将大大超过对外贸易增速。这非但没有压缩对外贸易总体规模②，还将促使我国贸易结构进一步优化、升级，逐步形成一个以"计算机、金融、咨询等高附加值服务贸易比重不断上升"为特征的新型贸易结构。

　　与对外投资相比，贸易增速相对"平稳"，但贸易规模呈现不断扩张的趋势。表8-4显示，2002~2012年我国对外贸易年均（算术平均）增速为21.1%，分别低于对外投资流量、存量年均增速超过30个百分点和13个百分点。随着未来中国企业国际化步伐的进一步加快，可预测未来5~10年我国对外投资增速与对外贸易增速之间的差距会进一步拉大。

表8-4　2002~2012年我国进出口总体情况

单位：亿美元，%

年份	进出口		出口		进口		差额
	总额	增速	总额	增速	总额	增速	
2002	6207.66	21.8	3255.96	22.4	2951.70	21.2	304.26
2003	8509.88	37.1	4382.28	34.6	4127.60	39.8	254.68
2004	11545.54	35.7	5933.26	35.4	5612.29	36.0	320.97
2005	14219.06	23.2	7619.53	28.4	6599.53	17.6	1020.01

① 来自商务部网站。2011年11月28日，商务部召开《服务贸易发展"十二五"规划纲要》专题新闻发布会，服务贸易和商贸服务业司司长周柳军对纲要内容进行详细解读。
② 必须承认，我国制造业海外转移力度的加大，会对传统贸易（如制造业出口）产生一定的负面影响。

年份	进出口		出口		进口		差额
	总额	增速(%)	总额	增速(%)	总额	增速(%)	
2006	17604.39	23.8	9689.78	27.2	7914.61	19.9	1775.08
2007	21765.72	23.6	12204.56	26.0	9561.16	20.8	2643.40
2008	25632.60	17.8	14306.93	17.3	11325.67	18.5	2981.26
2009	22075.35	-13.9	12016.12	-16.0	10059.23	-11.2	1956.89
2010	29734.76	34.7	15777.80	31.3	13956.96	38.7	1820.83
2011	36418.64	22.5	18983.80	20.3	17434.84	24.9	1548.96
2012	38667.60	6.2	20489.30	7.9	18178.30	4.3	2311.1

资料来源：中国海关统计数据。

同时，贸易总体结构、细分结构都呈现"逐步优化"的特征。第一，总体贸易结构逐步优化，服务贸易占对外贸易比重有所上升。例如，2006～2010年，中国服务进出口总额从1917亿美元增长到3624亿美元，服务贸易占对外贸易比重从10.8%上升至12.2%。第二，服务贸易结构逐步优化，高附加值服务占服务贸易的比重不断提升。2006～2010年，计算机、保险、金融、咨询等服务贸易占我国服务进出口总额的比重从16.3%上升至19.4%[①]。

三 促进我国对外直接投资的政策建议

本研究的主要结论表明，母国宏观政策体制、环境确实

---

① 原始数据来自商务部网站，涉及贸易结构的比重数据经笔者计算整理得出。

构成微观企业商业模式选择的重要指标。因此，立足于我国中长期产业结构升级和切实提升本土企业综合国际竞争力的长远目标，不断完善现行对外投资体制，确保为本土企业的国际化进程提供持续、"助推"的政策环境，是当前亟待解决的重要问题。结合本研究的相关结论，笔者尝试在以下几方面提出有针对性的政策建议。

（一）统一协调货币政策、内外资政策和贸易政策

综合本研究的结论1、结论2，未来我国对外投资增速将大大超过贸易增速，对外投资规模呈现快速扩张态势，贸易结构逐步优化，对外投资与吸收外商投资并重，基本形成资本流动"进出平衡"格局。在这种趋势下，要求我国政府今后在货币政策、内外资政策、对外贸易政策的制定上要做到统一、协调。

联合国贸易与发展会议（UNCTAD）强调，有效的对外投资政策应该具备两个主要特点。

（1）整体性。促进对外投资的政策不仅仅和本国其他促进国际化进程的政策相关联，也和一个国家促进本国产业升级和经济增长的政策相关。正如邓宁所说，对外投资政策只有在作为一个国家一般的宏观政策和微观政策的一个有机部分时，才是有效的。

（2）特殊性。不存在普适性的对外投资政策。一个国家必须根据自身所处的发展阶段、比较优势、产业结构、政府治理等特征设计一国在某一阶段的对外投资政策体系。

具体到我国，尤其要强调各项政策目标之间的相容性、统一性。从历史沿革来看，我国对外直接投资管理体制一开始就是我国战略性贸易政策的有机组成部分。这一对外投资政策体系以扩大出口为首要目标，与 20 世纪八九十年代我国的经济总体发展战略、贸易政策及产业政策目标是相互协调的。因此，推动了我国社会主义市场经济的建立与快速发展。然而，进入 21 世纪，随着国内外环境的急剧变化，我国经济建设的重心已经由注重规模增长转变为注重经济质量与结构调整。在这种情况下，以扩大贸易规模为核心的对外投资政策体系与我国新时期经济结构转型、促进产业技术升级的主体战略思想相脱节，具有一定的时代局限性。因此，为实现由"促进对外贸易为核心"向"以未来 20~50 年的产业布局规划为核心"的路径转变，需要我国政府从货币政策、内外投资管理体制、对外贸易政策、产业政策及汇率政策等诸多方面的协调、联动，尽量避免出现各自为政、相互掣肘的局面。

（二）融资、税收、保险与担保等全方位政策支持体系的逐步完善

从本书理论分析和实证研究的结果（结论4）看，我国企业，尤其是广大的民营中小型企业，在国际化过程中可能受到较为显著的融资约束。这一点推定与贸促会以及世界银行所进行的两项企业调查结论不谋而合。同时，由于各项投资促进措施的获得要经过层层关卡，实际上成为与审批并行

的另一种类型的"审批",致使有些优惠政策(如贷款、周转外汇、出口退税等)如画饼充饥之物,政府的对外投资支持体系的实施没有起到应有的效果。这一点在有关中、日、韩国别比较的分析(结论7)中有深刻的体现。

此外,投资支持体系的本身也有待进一步完善。例如,在税收支持层面上,主要的依据是 2007 年国家税务总局发布的《关于做好我国企业境外投资税收服务与管理工作的意见》。但是,这一政策的设定初衷很大程度上是为了给予进行境外投资的境内企业提供税收服务,还谈不上任何的税收优惠激励。中国贸促会涉及"对外投资企业期待的政策支持"的调查结果显示,在 6 项企业意见最为集中的对外投资阻碍因素中,涉及税收的问题就占两项,即"完善鼓励境外投资的税收制度"和"签订投资保护协定,避免双重征税"。因此,税收政策还有很多支持工作需要跟上,存在很大的调整空间。

在建立一套完整的鼓励对外投资政策体系方面,发达国家(如美、英、日、德、法等国)的做法值得借鉴。[1] 总体看,发达国家的鼓励措施主要包括财政与金融支持、税收优惠、担保与保险、进出口银行的作用等几个方面。

财政与金融支持构成政府资金支持的两个主要渠道,往往不能完全区分开。例如,英国政府将海外投资项目的可行

---

[1] 李辉:《发展中国家对外直接投资决定因素研究》,中国人民大学出版社,2008。

性研究和投资前调查的资助列入国家预算，予以财政支持；英联邦开发公司（国有金融机构）对本国私人投资者的海外项目提供贷款，不需要东道国政府保证，也不需要其他担保。

税收优惠措施主要包括对外投资亏损准备金和避免双重征税两种方式。两种措施本质上存在差异。从投资者税负公平性角度看，双重征税本身就是应该避免的，它不应该算作对外投资的鼓励措施，政府有义务通过签订双边协定来确保避免税负的重复课征。相比之下，对外投资亏损准备金制度是真正意义上的对外投资鼓励措施，它使得企业可以将当年对外投资的一定比例预提，从应纳税额中扣除，减轻企业的税收负担。

值得注意的是，日本政府在税收优惠措施方面的规定尤为细致、完备，落实到位。它不仅包括避免双重征税和对外投资亏损准备金两种形式，而且，在准备金形式中又划分4种类型，即对外直接投资亏损准备金制度、资源开发投资亏损准备金制度、特定海外工程合同亏损准备金制度及大规模经济合作合资事业的对外投资亏损准备金制度。这样做可以帮助本国企业规避各种类型对外投资的商业风险，切实减轻各种类型海外经营企业的税负。

对外投资的担保和保险机构，有的国家由同一机构承担，例如美国的海外私人担保公司和英国的出口信贷担保局。不过，有的国家则是分开的，例如，法国主要由对外贸易银行和对外贸易保险公司来实施。无论哪一种，一般都只对政治风险和非商业风险担保。其中，政治风险包括货币不可兑换风险、财产没收风险、政治动乱风险等。其中，法国提供的保险范围更为广泛。除了政治风险和非商业风险担保外，法国政府还提供商业贷款担保及对中小企业海外投资的专项保险（商业开拓险和特别保险）。

由此可见，发达国家政府为本国企业提供保险支持的覆盖面是相当广泛的，既包括政治风险，也包括商业风险；既对大企业提供担保，也为中小企业提供专项担保。与发达国家相比，目前我国对外投资的政策支持体系框架存在较大的差距。无论从支持力度、覆盖面、实施效果、体系的完备性来看，还需要不断努力和完善。

（三）注重对技术等资产寻求型对外投资企业的政策扶持

壁垒规避型对外投资往往表现出一种应对外部环境的"被动"意义上的行为选择。在我国新的历史发展阶段，更需要本土企业以一种"主动"的姿态从事对外投资。本书的案例研究和国别比较研究（结论6）揭示，无论生产转移型投资还是技术获取型投资，在功能上都可以起到跨越贸易壁垒的作用。但是，与前者相比，技术、资产获取型对外投资应该属于一种"主动"意义上的跨越，更加立足于我国长远利益，是治本的策略。从长期看，本土企业只有立足于技术寻求型投资的国际化道路，才能从根本上解决长期困扰中国企业的一系列难题，如反倾销、人民币升值压力、缺乏自主品牌、专利陷阱、产品低端等，达到真正意义上的不为外部环境所困。这条国际化路径是塑造我国企业新的核心竞争优势的必经之路。

结合本书研究的结论6，我国政府今后需要加大投入力度，优先扶植技术等资产寻求型对外投资企业的快速成长。笔者认为，具体"助推"的手段可能包括，首先，汇率政策的适当使用（适当鼓励人民币升值）。尽管汇率对制造业对外投资的综合作用在理论上具有不确定性，但是，本币升值对于资产（包括技术）寻求型对外投资应该有促进作用。例如，1985年的"广场协议"促使日元大幅升值，日本对外投资也随之急剧扩张。这些增加的投资大都以兼并收购的形式进行，主要集中在无形资产的行业，如高科技产业。其次，产业政策、对外投资政策以及贸易政策等需要对高新技术类、创新型企业在新产品研发、核心部件采购、资金周转、商务信息提供等关键环节给予优先的扶植，尽量减少这类企业海外经营过程中的风险和成本。

诚然，除了政府加大扶植力度外，国际化过程中，企业更需要不断培育自主创新能力，积累自身的"特定成本优势"。在研究模型中，本书假设企业的成本优势具有"location-specific"的特点，而不是"firm-specific"。因此，本研究的立足点更多强调外部环境对企业决策的影响作用和机理，没有刻意去讨论企业自身的成本优势如何塑造，并获得改善（这恰恰是"参透"技术获取型对外投资内在机理不可或缺的关键一环）。笔者认为，这是本研究最大的不足，也是下一步欲探索的研究方向。

参考文献

安永方、戈亚群、刘益：《韩国企业跨国购并的实证分析》，《管理科学》2003年第8期。

陈景华：《中国OFDI来源的区域差异分解与影响因素——基于2003～2011年省际面板数据的实证研究》，《数量经济技术经济研究》2014年第7期。

陈岩、马利灵、钟昌标：《中国对非洲投资决定因素：整合资源与制度视角的经验分析》，《世界经济》2012年第10期。

程惠芳、阮翔：《用引力模型分析中国对外直接投资的区位选择》，《世界经济》2004年第11期。

崔柏烈：《韩国企业对中国直接投资的决定因素分析》，《南开经济研究》2002年第5期。

德勤研究报告：《日本企业在美投资——中国可借鉴的经验》，Columbia University and Deloitte Development LLC，2008。

杜凯、周勤:《中国对外直接投资:贸易壁垒诱发的跨越行为》,《南开经济研究》2010年第2期。

杜凯、周勤、蔡银寅:《贸易壁垒约束下企业对外投资选择的一般均衡分析》,《管理工程学报》2011年第25期。

方英、池建宇:《政治风险对中国对外直接投资意愿和规模的影响——基于实物期权和交易成本的视角》,《经济问题探索》2015年第7期。

高建刚:《经济一体化、政治风险和第三国效应对中国FDI的影响》,《财贸研究》2011年第5期。

龚秀国:《人民币汇率与外来直接投资》,《上海财经大学学报》2004年第1期。

何琼隽:《从贸易摩擦到汇率系统的国家利益冲突》,《财经科学》2009年第6期。

洪俊杰、黄薇、张蕙、陶攀:《中国企业走出去的理论解读》,《国际经济评论》2012年第4期。

胡兵、邓富华:《腐败距离与中国对外直接投资——制度观和行为学的整合视角》,《财贸经济》2014年第4期。

胡麦秀:《贸易保护壁垒与对外直接投资关系的最新研究进展》,《宁夏社会科学》2006年第1期。

黄静波、张安民:《中国对外直接投资主要动因类型的实证研究——基于1982~2007年的外向投资流向分析》,《国际经贸探索》2009年第7期。

蒋冠宏、蒋殿春:《中国对发展中国家的投资——东道国制度重要吗?》,《管理世界》2012年第11期。

江小涓:《中国对外开放进入新阶段:更均衡合理地融入全球经济》,《经济研究》2006 年第 3 期。

李春顶:《出口贸易、FDI 与我国企业的国际化路径选择——新新贸易理论模型扩展及我国分行业企业数据的实证研究》,《南开经济研究》2009 年第 2 期。

李辉:《经济增长与对外投资大国地位的形成》,《经济研究》2007 年第 2 期。

刘慧、綦建红:《中国企业如何选择对外直接投资的延迟时间?——基于实物期权的视角》,《经济学家》2015 年第 4 期。

毛日昇、郑建明:《人民币实际汇率不确定性与外商直接投资择机进入》,《金融研究》2011 年第 5 期。

潘圆圆:《中国被反倾销的实证分析》,《经济科学》2008 年第 5 期。

阮翔、赵建华:《从引力空间模型看对外直接投资区位选择》,《世界经济研究》2004 年第 2 期。

沈国兵:《美国对华反倾销对中国内向和外向 FDI 的影响》,《财贸经济》2011 年第 9 期。

沈国兵:《美国对中国反倾销的宏观决定因素及其影响效应》,《世界经济》2007 年第 11 期。

孙俊:《中国 FDI 地点选择的因素分析》,《经济学》(季刊)2001 年第 3 期。

孙文莉、伍晓光:《汇率、贸易壁垒与企业"诱发性"对外投资决策》,《财贸研究》2012 年第 2 期。

孙文莉：《人民币汇率波动对我国贸易收支的影响研究》，中国财政经济出版社，2009。

田甜：《中国企业对外直接投资动因的实证研究——基于贸易壁垒的视角》，北京外国语大学硕士学位论文，2011。

田巍、余淼杰：《企业生产率和企业"走出去"对外直接投资：基于企业层面数据的实证研究》，《经济学》（季刊）2012年第1期。

王凤丽：《人民币汇率对我国对外直接投资的影响》，《经济问题探索》2008年第3期。

王建、栾大鹏：《成本、禀赋与中国制造业对外直接投资——基于扩展KK模型的分析》，《世界经济研究》2013年第1期。

王孝松、谢申祥：《中国究竟为何遭遇反倾销——基于跨国跨行业数据的分析》，《管理世界》2009年第12期。

王自峰：《汇率水平与波动程度对外国直接投资的影响》，《经济学》（季刊）2009年第4期。

韦军亮、陈漓高：《政治风险对中国对外直接投资的影响——基于动态面板模型的实证研究》，《经济评论》2009年第4期。

吴先明：《中国企业对发达国家的逆向投资：创造性资产的分析视角》，《经济理论与经济管理》2007年第9期。

吴晓灵：《中国外汇管理》，中国金融出版社，2001。

项本武：《东道国特征与中国对外直接投资的实证研究》，《数量经济技术经济研究》2009年第7期。

谢杰、刘任余：《基于空间视角的中国对外直接投资的影响因素与贸易效应研究》，《国际贸易问题》2011年第6期。

邢予青：《汇率与日本对华直接投资》，《世界经济文汇》2003年第8期。

徐康宁、王剑：《美国对华直接投资决定因素分析（1983～2000）》，《中国社会科学》2002年第5期。

许少强、朱真丽：《1949～2000年的人民币汇率史》，上海财经大学出版社，2002。

许志英：《外汇风险与跨国公司FDI模式选择》，《国际商务研究》2003年第2期。

阎大颖：《制度距离、国际经验与中国企业海外并购的成败问题研究》，《南开经济研究》2011年第5期。

阎大颖、洪俊杰、任兵：《中国企业对外直接投资的决定因素：基于制度视角的经验分析》，《南开管理评论》2009年第6期。

杨大楷：《我国企业FDI的区位选择分析》，《世界经济研究》2003年第1期。

于津平：《汇率变化如何影响外商直接投资》，《世界经济》2007年第4期。

岳咬兴、范涛：《制度环境与中国对亚洲直接投资区位分布》，《财贸经济》2014年第6期。

张浩楠：《人民币实际有效汇率对FDI流入的影响》，《金融理论与实践》2008年第5期。

张建红、周朝鸿：《中国企业走出去的制度障碍研究——

以海外收购为例》,《经济研究》2010 年第 6 期。

郑展鹏:《中国区域对外直接投资的空间效应研究——基于空间计量面板数据的分析》,《经济问题探索》2015 年第 7 期。

郑展鹏、刘海云:《体制因素对我国对外直接投资影响的实证研究——基于省际面板的分析》,《经济学家》2012 年第 6 期。

周华:《汇率不确定性与 FDI》,《南方经济》2006 年第 10 期。

宗芳宇、路江涌、武常岐:《双边投资协定、制度环境和企业对外直接投资区位选择》,《经济研究》2012 年第 5 期。

Aliber, R. Z., *A Theory of Foreign Direct Investment* (Toucan Bridge: MIT Press, 1973).

Azrak, P. and Wynne K., "Protectionism and Japanese direct investment in Trade Commission. the United States," *Journal of Policy Modeling*, Vol. 17, No. 3, 1995.

Baek, In-Mee & Okawa Tamami, "Foreign Exchange Rates and Japanese Foreign Direct Investment inAsia," *Journal of Economics and Business*, Vol. 53, 2001.

Barrel R. and Pain N., "Trade Restraints and Japanese Direct Investment Flows," *European Economic Review*, Vol. 43, 1999.

Belderbos R., Vandenbussehe H. and Veesulers R., "Antidumping Duties, Undertakings, and Foreign Direct Investment in the EU," *European Economic Review*, Vol. 48, 2004.

Belderbos, Rene., "Antidumping and Tariff Jumping: Japanese Firms' DFI in the European Union and UnitedStates," *Weltwirtschaftliches Archiv*, Vol. 133, 1997.

Benassy-Quere A., Fontagne L., Lahreche-Revil A., "Exchange Rate Strategies in the Competition for Abstracting Foreign Direct Investment," *Journal of the Japanese and International Economics*, Vol. 15 (2), 2001.

Bhagwati J. N., "Protectionism: old wine in new bottles," *Journal of Policy Modeling*, Vol. 7, issue 1, 1985.

Bhagwati, J. N., "Elias Dinopoulos, and Kar-Yui Wong. Quid pro quo foreign investment," *American Economic Review*, Vol. 82, No. 2, 1992.

Bhagwati, J. N., "Quid pro quo Foreign Investment and Welfare : A Political Economy Theoretical Model," *Journal of Development Economics* , Vol. 27, 1987.

Blonigen B. and Ohno Y., "Endogenous Protection, Foreign Direct Investment and Protection-Building Trade," *Journal of International Economics*, Vol. 46, 1998.

Blonigen B., "Explaining Japanese Foreign Direct Investment in the United States," Ph. D. dissertation, University of California, Davis, 1995.

Blonigen B., "Tariff Jumping Antidumping Duties," *NBER Working Paper* No. 7778, Cambridge, 2000.

Blonigen, B. A. , "Tariff-Jumping antidumpingduties," *Journal of International Economics*, Vol. 57 (1), 2002.

Blonigen, B. A. "Firm-Specific Assets and the Link between Exchange Rates and Foreign DirectInvestment," *American Economic Review*, Vol. 87, 1997.

Blonigen, B. and Feenstra, R. , "Protectionist threats and foreign direct investment," in R. C. Feenstra, eds. , *Effect of U. S. Trade Protection and Promotion Policies* (Chicago: University of Chicago Press for the National Bureau of Economic Research, 1997).

Blonigen, B. , "Firm-Specific Assets and the Link Between Exchange Rates and Foreign Direct Investment," *American Economic Review*, Vol. 87, 3, 1997.

Blonigen, B. , "Tomlin K. and Wilson W. Tariff-jumping FDI and domestic firms' profits," *The Canadian Journal of Economics*, Vol. 37, No. 3, 2004.

Bown, C. , "China's WTO Entry: Antidumping, Safeguards and Dispute Settlement," *NBER Working Paper* No. 13349, 2007.

Burton, F. N. & F. H. , "Saelens: Trade barriers and japanese foreign direct investment in the colour televisionindustry," *Managerial and Decision Economics*, Vol. 8, 1987.

Busse M. and Hefeker C. "Political Risk, Institutions and Foreign DirectInvestment," *European Journal of Political Economy*,

Vol. 23, 2007.

Culem, C. G., "The Locational Determinants of Direct Investments among Industrialized Countries," *European Economic Review*, Vol. 32, 1988.

Cushman, D. O., "Exchange Rate Uncertainty and Foreign Direct Investment in the United States," *Review of Economics and Statistics*, Vol. 124 (2), 1988.

Cushman, D. O., "Real Exchange Rate Risk, Expectations and the Level of Direct Investment," *Review of Economics and Statistics*, Vol. 67 (2), 1985.

Dent C. M. and Randerson C., "Korean and Japanese Foreign Direct Investment in Europe: An Examination of Comparable and ContrastingPatterns," *Asian Studies Review*, Vol. 20 (2), 1996.

Devereux, M. B. and Engel C., "The Optimal Choice of Exchange Rate Regime: Price-Setting Rules and Internationalized Production," *NBER Working Paper* No. 6992, 2001.

Dewenter, Kathryn L., "Do Exchange Rate Changes Drive Foreign Direct Investment?" *Journal of Business*, Vol. 68 (3), 1995.

Dinopoulos, E., "Quid pro quo foreign investment and VERs: A Nash bargainingapproach," *Economics and politics*, Vol. 4, 1992.

Dinopoulos, E., "Quid pro quo foreigninvestment,"

Economics and Politics, Vol. 1, 1989.

Dinopoulos, Elias, and Kar-Yiu Wong, "Quid pro quo foreign investment and policy intervention," In K. A. Koekkoek and C. B. M. Mennes, eds., *International trade and global development*: *Essays in honor of Jagdish Bhagwati* (London: Routledge. Economic Report of the President. 1994).

Dinopoulos, Elias, "Quid pro quo foreign investment," *Economics & Politics*, Vol. 1, 1989.

Dixit, A., Pindyck, R., *Investment under Uncertainty*, (Princeton: Princeton University Press, 1994).

Dornbusch, R., Fischer, S., "Exchange Rate and the Current Account," *American Economic Review*, Vol. 70, No. 5, 1980.

Feinberg, R., "Exchange Rates and UnfairTrade," *Review of Economics and Statistics*, 71 (4), 1989.

Froot, K., Stein, J., "Exchange Rates and Foreign Direct Investment, An Imperfect Capital Market Approach," *Quarterly Journal of Economics*, Vol. 106 (4), 1991.

Goldberg, L. S., Klein, M. W., "Foreign Direct Investment: Trade and Real Exchange Rate Linkages in Southeast Asia and Latin America," *NBER Working Paper* No. 6344, 1997.

Goldberg, L. S., Kolstad, C. D., "Foreign Direct Investment, Exchange Rat Variability and Demand Uncertainty,"

International Economic Review, Vol. 36 (4), 1995.

Harris, R. S. and Ravenscraft, D. , "The Role of Acquisitions in Foreign Direct Investment: Evidence from the U. S. Stock Market," *Journal of Finance*, Vol. 46 (3), 1999.

Healy, Paul M. and Palepu, Krishna G. , "International Corporate Equity Associations: Who, Where and Why?" In Kenneh A. Froot, eds. , *Foreign Direct Investment* (Chicago: University of Chicago Press, 1993).

Helpman E. , "A simple Theory of International Trade with Multinational Corporations," *Journal of Political Economy*, Vol. 92, 1984.

Helpman, E. , Melitz, M. , Yeaple, S. R. , "Exports vs. FDI," *American Economic Review*, Vol. 94 (1), 2004.

Irwin, D. , "The Rise of US Anti-dumping Activity in Historical Perspective," *The World Economy*, Vol. 28 (5), 2005.

Jeon Y. D. , "The Determinants of Korean Foreign Direct Investment in ManufacturingIndustries," *Weltwirtschaftliches Archiv*, Vol. 128, 1992.

Knetter, M. , Prusa, T. , "Macroeconomic Factors and Antidumping Filings: Evidence from Four Countries," *Journal of International Economics*, Vol. 61, 2003.

Lin C. , Chen M. and Rau, H. , "Exchange Rate Volatility and the Timing of Foreign Direct Investment: Market-

Seeking Versus Export-Substituting," available from URL: http://www. apeaweb. org/confer/sea06/papers/chen – lin – rau. pdf, 2006.

Mann, Catherine L. , "Determinants of Japanese Direct Investment in U. S. Manufacturing Industries," *Journal of International Money and Finance*, Vol. 12 (5), 1993.

Melitz Marc J. , "The Impact of Trade on Intra-Industry Reallocations and Aggregate Industry Productivity," *Econometrica*, Vol. 71 (6), 2003.

Mundell, R. , "International Trade and Factormobility," *American Economic Review*, Vol. 47, 1957.

Noorbakhsh, F. , Paloni, A. , Youssef, A. , "Human Capital and FDI Inflows to Developing Countries : New Empirical Evidence," *World Development* , 29 (9), 2001.

Ottaviano I. P. and Turrini A. , "Distance and Foreign Direct Investment When Contract isIncomplete," *Journal of the European Economic Association*, Vol. 5 (4), 2007.

Prusa, T. , "Anti-Dumping: A Growing Problem in International Trade," *The World Economy*, Vol. 28 (5), 2005.

Ray, Edward John. , "The Determinants of Foreign Direct Investment in the United States: 1979 – 1985," In R. Feenstra, eds. , *Trade Policies for International Competitiveness* (Chicago: University of Chicago Press, 1989) .

Russ, K. , "The Endogeneity of the Exchange Rate As A

Determinant of FDI: A Model of, Entry and Multinational Firms," *Journal of International Economics*, Vol. 71, 2007.

Stevens, Guy V. G. , "Exchange Rates and Foreign Direct Investment: A Note," *Journal of Policy Modeling*, Vol. 20 (3), 1998.

Sung H. , Lapan H. E. , " Strategic Foreign Direct Investment and Exchange-rate Uncertainty," *International Economic Review*, Vol. 41 (2), 2000.

Tardio, Giuseppe & Dias, Rui. , " Foreign Direct Investment Model: Empirical Evidence Form Italy," *Journal ofFinancial Management & Analysis*, Vol. 16 (1), 2003.

Vadlamannati K. C. , "Tamazian, A. , Irala, L. R. , Determinants of Foreign Direct Investment and Volatilities in South East Asia Economies," *Journal of the Asia Pacific Economy*, Vol. 14, 2009.

Wilhborg, C. , *Currency Risks in International Financial Market* (Princeton NJ: International Finance Section, Department of Economics, Princeton University, 1978) .

Zanardi, M. , "Anti-dumping: What are the Numbers to Discuss at Doha?" *The World Economy*, Vol. 27 (3), 2004.

Zis G. , "Papadopoulos A. A Monetary Analysis of the Drachma/ECU Exchange Rate Determination 1980 – 1991," *Empirical Economics*, Vol. 25 (4), 2000.

附　录

推导1：本国出口企业面临的反倾销税率

$A^{*}_{(i,t)}$ 表示外国对出口企业 i 在第 t 期征收的反倾销税。为方便倾销幅度的计算，引入本国"代表性"内销企业（其生产率为内销企业平均生产率 $\bar{\phi}_H$ ）的定价作为外国征收反倾销税的参照依据。

$$A^{*}_{(i,t)} = \frac{\bar{P}_{H(t-1)} - s_{t-1} \cdot P_{T(i,t-1)}}{\bar{P}_{H(t-1)}} = 1 - \frac{s_{t-1} \cdot P_{T(i,t-1)}}{\bar{P}_{H(t-1)}}$$

由于

$$s_{t-1} = \frac{M_{t-1} \cdot (1 - \beta\theta)}{M^{*}_{t-1} \cdot (1 - \beta\theta^{*})}$$

$$\bar{p}_{H(i,t)} = \frac{\mu}{\mu - 1} \cdot \frac{1}{\bar{\phi}_{H(i)}} \cdot \frac{k \cdot (1 - \beta\theta)}{x} \cdot \frac{E_{t-1}(M^{\frac{1}{\rho}})}{E_{t-1}(M^{\frac{1}{\rho}-1})}$$

$$p_{T(i,t)} = \frac{\mu^{*}}{\mu^{*} - 1} \cdot \frac{1}{\phi_{T(i)}} \cdot \frac{1}{1 - \tau^{*} - A^{*}_{(i,t)}} \cdot \frac{k \cdot (1 - \beta \cdot \theta^{*})}{x} \cdot \frac{E_{t-1}(M^{*\frac{1}{\rho}}_{t})}{E_{t-1}(M^{*\frac{1}{\rho}-1}_{t})}$$

将上述公式代入反倾销税率的定义式，经整理得

$$A_{(i,t)}^* = 1 - \frac{\bar{\phi}_H}{\phi_{T(i)}} \cdot \frac{1}{1-\tau^*} \cdot e^{(\frac{1}{\rho}-\frac{1}{2}) \cdot (\delta^{*2}-\delta^2)} \cdot E\left(\frac{e^{\varepsilon_t}}{e^{\varepsilon_t^*}}\right)$$

由于 $E\left(\dfrac{e^{\varepsilon_t}}{e^{\varepsilon_t^*}}\right) = e^{\frac{1}{2}(\delta^2+\delta^{*2})}$ ，所以，外国对出口企业 i 在第 t 期征收的反倾销税为

$$A_{(i,t)}^* = 1 - \frac{\bar{\phi}_H}{\phi_{T(i)}} \cdot \frac{1}{1-\tau^*} \cdot e^{(1-\frac{1}{\rho}) \cdot \delta^2 + \frac{1}{\rho} \cdot \delta^{*2}}$$

当考虑整个出口行业面临的平均反倾销税率 A_t^* 时，经整理得

$$A_t^* = \frac{\bar{P}_{H(t-1)} - s_{t-1} \cdot \bar{P}_{T(t-1)}}{\bar{P}_{H(t-1)}} = 1 - \frac{s_{t-1} \cdot \bar{P}_{T(t-1)}}{\bar{P}_{H(t-1)}}$$

$$= 1 - \frac{\bar{\phi}_H}{\bar{\phi}_T} \cdot \frac{1}{1-\tau^*} \cdot e^{(1-\frac{1}{\rho}) \cdot \delta^2 + \frac{1}{\rho} \cdot \delta^{*2}}$$

推导 2：本国企业出口、对外投资方式下利润函数及两种方式下生产率临界值

（1）反倾销下本国企业出口方式下的期望利润函数为

$$E_{t-1}(d_t \cdot \pi_{T(i,t)}) = E_{t-1}[d_t \cdot (s_t \cdot p_{T(i,t)} \cdot c_{T(i,t)} - w_t \cdot L_{T(i,t)} - s_t \cdot$$
$$(\tau^* + A_{(i,t)}^*) \cdot p_{T(i,t)} \cdot c_{T(i,t)} - f)]$$

由于

$$C_{T(i,t)} = \left(\frac{p_{T(i,t)}}{P_t}\right)^{-\mu} \cdot C_t^*$$

$$S_t = \frac{C_t^\rho \cdot P_t}{C_t^{*\rho} \cdot P_t^*} = \frac{M_t \cdot (1 - \beta\theta)}{M_t^* \cdot (1 - \beta\theta^*)}$$

$$L_{T(i,t)} = \frac{c_{T(i,t)}}{\phi_{T(i)}}$$

$$W_t = k \cdot P_t \cdot C_t^\rho = \frac{k \cdot (1 - \beta\theta)}{x} \cdot M_t$$

$$C_t^* = \left[\frac{M_t^*}{P_t^*} \cdot \frac{1 - \beta \cdot \theta^*}{x} \right]^{\frac{1}{\rho}}$$

将上述公式代入利润函数，经整理得

$$E_{t-1}(d_t \cdot \pi_{T(i,t)})$$
$$= E_{t-1}[d_t \cdot (\beta^{-1} \cdot (1 - \tau^* - A_{(i,t)}^*)^\mu \cdot G \cdot \phi_{T(i)}^{\mu-1} - f)]$$

其中，

$$G = \beta \cdot (1 - \beta\theta) \cdot \left(\frac{1 - \beta\theta^*}{x} \right)^{\frac{1}{\rho} - \mu} \cdot \left(\frac{\mu}{\mu - 1} \right)^{-\mu} \cdot \left(\frac{k}{x} \right)^{1-\mu} \cdot$$

$$x^{-\frac{1}{\rho}} \cdot P_t^{*\mu - \frac{1}{\rho}} \cdot \left(\frac{E_{t-1}(M_t^{*\frac{1}{\rho}})}{E_{t-1}(M_t^{*\frac{1}{\rho}-1})} \right)^{-\mu} \cdot$$

$$E_{t-1}\left(\left(\frac{\mu - 1}{\mu} \cdot \frac{E_{t-1}(M_t^{*\frac{1}{\rho}})}{E_{t-1}(M_t^{*\frac{1}{\rho}-1})} \cdot \frac{1}{M_t^*} - 1 \right) \cdot M_{t-1} \cdot M_t^{*\frac{1}{\rho}} \right)$$

代入 $dt = \beta \cdot \dfrac{P_{t-1} \cdot C_{t-1}^\rho}{P_t \cdot C_t^\rho} = \beta \cdot \dfrac{M_{t-1}}{M_t}$，将出口利润函数的

斜率项与截距项分别进一步整理，得

$$E_{t-1}(d_t \cdot \pi_{T(i,t)}) = (1 - \tau^* - A_{(i,t)}^*)^\mu \cdot G \cdot \phi_{T(i)}^{\mu-1} - D_1 \cdot f$$

其中，$D_1 = \beta \cdot \theta$，$\bar{\phi}$ 为本国市场销售产品的平均生产率。

由于 $A_{(i,t)}^* = 1 - \dfrac{\bar{\phi}_H}{\phi_{T(i)}} \cdot \dfrac{1}{1 - \tau^*} \cdot e^{(1-\frac{1}{\rho}) \cdot \delta^2 + \frac{1}{\rho} \cdot \delta^{*2}}$，将 $A_{(i,t)}^*$ 直接带

入计算 $\hat{\phi}_T^{\mu-1}$ 的工作量很大。为简化运算，采用 t 期平均反倾

销税率 A_t^* 代替 $A_{(i,t)}^*$。

因此，反倾销下本国企业继续选择出口的临界生产率门槛值 $\hat{\phi}_T^{\mu-1}$ 即公式（17）

$$\hat{\phi}_T^{\mu-1} = \frac{D_1}{G} \cdot \frac{f}{(1-\tau^*-A_t^*)^\mu}$$

（2）反倾销下本国企业对外投资方式下的期望利润函数为

$$E_{t-1}(d_t \cdot \pi_{F(i,t)})$$
$$= E_{t-1}[d_t \cdot (s_t \cdot p_{F(i,t)} \cdot c_{F(i,t)} - s_t \cdot w_t^* \cdot L_{F(i,t)} - s_{t-1} \cdot f_{MNE})]$$

同样地，经整理得出对外投资方式下的期望利润函数为

$$E_{t-1}(d_t \cdot \pi_{F(i,t)}) = G \cdot \phi_{F(i)}^{\mu-1} - D_2 \cdot f_{MNE}$$

其中，$D_2 = \beta \cdot \theta \cdot s_{t-1}$，$\bar{\phi}^*$ 为外国市场销售产品的平均生产率。

因此，反倾销下本国企业做出对外投资决策（放弃出口）的临界生产率门槛值 $\hat{\phi}_F^{\mu-1}$ 即公式（18）

$$\hat{\phi}_F^{\mu-1} = \frac{D_2 \cdot f_{MNE} - D_1 \cdot f}{G \cdot (1-(1-\tau^*-A_t^*)^\mu)} = \frac{D_1}{G} \cdot \frac{s_{t-1} \cdot f_{MNE} - f}{1-(1-\tau^*-A_t^*)^\mu}$$

另外，出于对称性考虑，反倾销下外国企业对外投资的临界生产率门槛值 $\hat{\phi}_F^{*\mu-1}$ 为

$$\hat{\phi}_F^{*\mu-1} = \frac{D_2^* \cdot f_{MNE}^* - D_1^* \cdot f^*}{G^* \cdot (1-(1-\tau-A_t)^\mu)} = \frac{D_1^*}{G^*} \cdot \frac{s_{t-1}^{-1} \cdot f_{MNE}^* - f^*}{1-(1-\tau-A_t)^\mu}$$

其中，

$$G^* = \beta \cdot (1 - \beta \theta^*) \cdot \left(\frac{1 - \beta\theta}{x}\right)^{\frac{1}{\rho} - \mu} \cdot \left(\frac{\mu}{\mu - 1}\right)^{-\mu} \cdot \left(\frac{k}{x}\right)^{1 - \mu} \cdot$$

$$x^{\frac{1}{\rho}} \cdot P_t^{\mu - \frac{1}{\rho}} \cdot \left(\frac{E_{t-1}(M_t^{\frac{1}{\rho}})}{E_{t-1}(M_t^{\frac{1}{\rho}-1})}\right)^{-\mu} \cdot$$

$$E_{t-1}\left(\left(\frac{\mu - 1}{\mu} \cdot \frac{E_{t-1}(M_t^{\frac{1}{\rho}})}{E_{t-1}(M_t^{\frac{1}{\rho}-1})} \cdot \frac{1}{M_t} - 1\right) \cdot M_{t-1}^* \cdot M_t^{\frac{1}{\rho}}\right)$$

$$D_1^* = \beta \cdot \theta^*$$

$$D_2^* = \beta \cdot \theta^* \cdot \frac{1}{s_{t-1}}$$

推导3：对外投资意愿度——公式（19）（20）

（1）相对出口的对外投资意愿度 γ_1。

相对出口的对外投资意愿度 γ_1，用来衡量本国企业从事出口贸易与对外投资的相对结构。本书采用本国企业从事对外投资与出口的相对最低生产率之比表示。γ_1 值越大，本国企业越不倾向从事对外投资以"规避"东道国反倾销壁垒。根据该定义及公式（17）（18），得出反倾销下本国企业（相对出口）的对外投资意愿度即公式（19）为

$$\gamma_1 = \frac{\widehat{\phi_F^{\mu-1}}}{\widehat{\phi_T^{\mu-1}}} = \frac{\dfrac{D_1}{G} \cdot \dfrac{s_{t-1} \cdot f_{MNE} - f}{1 - (1 - \tau^* - A_t^*)^\mu}}{\dfrac{D_1}{G} \cdot \dfrac{f}{(1 - \tau^* - A_t^*)^\mu}}$$

$$= \frac{s_{t-1} \cdot \dfrac{f_{MNE}}{f} - 1}{(1 - \tau^* - A_t^*(\tau^*, \delta^2, \delta^{*2}))^{-\mu} - 1}$$

其中，

$$A_t^* = 1 - \frac{\bar{\phi}_H}{\bar{\phi}_T} \cdot \frac{1}{1 - \tau^*} \cdot e^{(1 - \frac{1}{\rho}) \cdot \delta 2 + \frac{1}{\rho} \cdot \delta^* 2}$$

$\bar{\phi}_T$ 为本国出口企业的平均生产率水平, $\bar{\phi}_H$ 为本国内销企业的平均生产率水平。

（2）相对吸收外资的对外投资意愿度 γ_2。

相对吸收外资的对外投资意愿度 γ_2，用来衡量本国吸收外资和对外投资的相对结构，即本国企业从事对外投资与外国企业从事对外投资的最低生产率之比。γ_2 在一定程度上反映了本国国际收支资本账户的平衡状况。γ_2 越大，相对吸收外资，本国企业就越不倾向对外投资。通过计算整理，得出反倾销下本国企业（相对吸收外资）的对外投资意愿度即公式（20）为

$$\gamma_2 = \frac{\widehat{\phi}_F^{\mu-1}}{\widehat{\phi}_F^{*\,\mu-1}}$$

$$= \frac{\dfrac{D_1}{G} \cdot \dfrac{s_{t-1} \cdot f_{MNE} - f}{1 - (1 - \tau^* - A_t^*)^{\mu}}}{\dfrac{D_1^*}{G^*} \cdot \dfrac{s_{t-1}^{-1} \cdot f_{MNE}^* - f^*}{1 - (1 - \tau - A_t)^{\mu}}}$$

$$= \frac{D_1}{D_1^*} \cdot \frac{G^*}{G} \cdot \frac{s_{t-1} \cdot f_{MNE} - f}{s_{t-1}^{-1} \cdot f_{MNE}^* - f^*} \cdot \frac{1 - (1 - \tau - A_t)^{\mu}}{1 - (1 - \tau^* - A_t^*)^{\mu}}$$

$$= \left(\frac{\bar{\phi}}{\bar{\phi}^*}\right)^{1+\mu-\frac{1}{\rho}} \cdot \frac{1 - (1 - \tau - A_t)^{\mu}}{1 - (1 - \tau^* - A_t^*)^{\mu}} \cdot \frac{s_{t-1} \cdot f_{MNE} - f}{s_{t-1}^{-1} \cdot f_{MNE}^* - f^*} \cdot \frac{\theta}{\theta^*} \cdot \frac{M_{t-1}^*}{M_{t-1}} \cdot$$

$$\left(\frac{E_{t-1}(M_t^{\frac{1}{\rho}}) \cdot E_{t-1}(M_t^{*\,\frac{1}{\rho}-1})}{E_{t-1}(M_t^{\frac{1}{\rho}-1}) \cdot E_{t-1}(M_t^{*\,\frac{1}{\rho}})}\right)^{1-\frac{1}{\rho}} \cdot$$

$$\frac{E_{t-1}\left(\dfrac{\mu-1}{\mu} \cdot \dfrac{E_{t-1}(M_t^{\frac{1}{\rho}})}{E_{t-1}(M_t^{\frac{1}{\rho}-1})} \cdot M_t^{\frac{1}{\rho}-1}\right) - E_{t-1}(M_t^{\frac{1}{\rho}})}{E_{t-1}\left(\dfrac{\mu-1}{\mu} \cdot \dfrac{E_{t-1}(M_t^{*\,\frac{1}{\rho}})}{E_{t-1}(M_t^{*\,\frac{1}{\rho}-1})} \cdot M_t^{*\,\frac{1}{\rho}-1}\right) - E_{t-1}(M_t^{*\,\frac{1}{\rho}})}$$

由于

$$\frac{\theta}{\theta^*} = \frac{1+\varphi^*}{1+\varphi} \cdot e^{\frac{1}{2}\cdot(\delta^2-\delta^{*2})}$$

$$\frac{E_{t-1}(M_t^{\frac{1}{\rho}})}{E_{t-1}(M_t^{\frac{1}{\rho}-1})} = \frac{M_{t-1}^{\frac{1}{\rho}} \cdot (1+\varphi)^{\frac{1}{\rho}} \cdot e^{\frac{1}{2}\cdot(\frac{1}{\rho})^2\cdot\delta^2}}{M_{t-1}^{\frac{1}{\rho}-1} \cdot (1+\varphi)^{\frac{1}{\rho}-1} \cdot e^{\frac{1}{2}\cdot(\frac{1}{\rho}-1)^2\cdot\delta^2}}$$

$$= M_{t-1} \cdot (1+\varphi) \cdot e^{(\frac{1}{\rho}-\frac{1}{2})\delta^2}$$

$$\frac{E_{t-1}(M_t^{*\frac{1}{\rho}})}{E_{t-1}(M_t^{*\frac{1}{\rho}-1})} = \frac{M_{t-1}^{*\frac{1}{\rho}} \cdot (1+\varphi^*)^{\frac{1}{\rho}} \cdot e^{\frac{1}{2}\cdot(\frac{1}{\rho})^2\cdot\delta^{*2}}}{M_{t-1}^{*\frac{1}{\rho}-1} \cdot (1+\varphi^*)^{\frac{1}{\rho}-1} \cdot e^{\frac{1}{2}\cdot(\frac{1}{\rho}-1)^2\cdot\delta^{*2}}}$$

$$= M_{t-1}^* \cdot (1+\varphi^*) \cdot e^{(\frac{1}{\rho}-\frac{1}{2})\delta^{*2}}$$

$$\frac{E_{t-1}\left(\frac{\mu-1}{\mu}\cdot\frac{E_{t-1}(M_t^{\frac{1}{\rho}})}{E_{t-1}(M_t^{\frac{1}{\rho}-1})}\cdot M_t^{\frac{1}{\rho}-1}\right) - E_{t-1}(M_t^{\frac{1}{\rho}})}{E_{t-1}\left(\frac{\mu-1}{\mu}\cdot\frac{E_{t-1}(M_t^{*\frac{1}{\rho}})}{E_{t-1}(M_t^{*\frac{1}{\rho}-1})}\cdot M_t^{*\frac{1}{\rho}-1}\right) - E_{t-1}(M_t^{*\frac{1}{\rho}})}$$

$$= \frac{\frac{\mu-1}{\mu}\cdot\frac{E_{t-1}(M_t^{\frac{1}{\rho}})}{E_{t-1}(M_t^{\frac{1}{\rho}-1})}\cdot E_{t-1}(M_t^{\frac{1}{\rho}-1}) - E_{t-1}(M_t^{\frac{1}{\rho}})}{\frac{\mu-1}{\mu}\cdot\frac{E_{t-1}(M_t^{*\frac{1}{\rho}})}{E_{t-1}(M_t^{*\frac{1}{\rho}-1})}\cdot E_{t-1}(M_t^{*\frac{1}{\rho}-1}) - E_{t-1}(M_t^{*\frac{1}{\rho}})}$$

$$= \left(\frac{M_{t-1}}{M_{t-1}^*}\right)^{\frac{1}{\rho}} \cdot \left(\frac{1+\varphi}{1+\varphi^*}\right)^{\frac{1}{\rho}} \cdot e^{\frac{1}{2}\cdot(\frac{1}{\rho})^2\cdot(\delta^2-\delta^{*2})}$$

代入上述因子，将对外投资意愿度 γ_2 进一步整理为

$$\gamma_2 = \left(\frac{\bar{\phi}}{\bar{\phi}^*}\right)^{1+\mu-\frac{1}{\rho}} \cdot \frac{f}{f^*} \cdot \frac{1-(1-\tau-A_t)^\mu}{1-(1-\tau^*-A_t^*)^\mu}$$

$$\cdot \frac{s_{t-1}\cdot\frac{f_{MNE}}{f}-1}{s_{t-1}^{-1}\cdot\frac{f_{MNE}^*}{f^*}-1} \cdot e^{\frac{1}{2}\cdot(\frac{3}{\rho}-\frac{1}{\rho^2})\cdot(\delta^2-\delta^{*2})}$$

其中，

$$A_t = 1 - \frac{\bar{\phi}_H^*}{\bar{\phi}_T^*} \cdot \frac{1}{1-\tau} \cdot e^{\frac{1}{\rho}\cdot\delta^2+(1-\frac{1}{\rho})\cdot\delta^{*2}}$$

$$A_t^* = 1 - \frac{\bar{\phi}_H}{\bar{\phi}_T} \cdot \frac{1}{1 - \tau^*} \cdot e^{(1 - \frac{1}{\rho}) \cdot \delta^2 + \frac{1}{\rho} \cdot \delta^{*2}}$$

$\bar{\phi}_T$ 和 $\bar{\phi}_T^*$ 分别为本国、外国出口企业的平均生产率水平；$\bar{\phi}_H$ 和 $\bar{\phi}_H^*$ 分别为本国、外国内销企业的平均生产率水平。

致　谢

　　2014 年春节的前夕，我终于完成国家社科基金一般项目"汇率冲击、贸易摩擦对中国直接投资的诱发机制研究"最终成果草稿的修改。虽然到现在仍多有缺憾，但于心理上总算是获得一种安慰。

　　就此搁笔付梓之际，百感交集，近三年的研究历程，从课题申请获批的兴奋，到研究问题久而不决的苦闷，再到悬疑尽释的狂喜，最后直至课题结项时的忐忑，所有做研究会遇到的酸甜苦辣都尽情体味了。最后，我不得不说，这恐怕是我一生中最疲惫、最费心思的一段时光。

　　一路走来，很累。也正是由于这种充满疲惫的感觉，以及近两年身体各项指标屡现红灯的状况，在完成课题任务之后，我给自己一个奖励，让心情和身体都彻底放松，加之著作在书写格式上有很多烦琐的调整工作，所以，直至 2014 年 5 月，我才开始申请课题结项。

　　此时此刻，需要说感谢的师长和朋友、同事有很多。首先，感谢我在中国社会科学院世界经济与政治研究所博士后流动站期间的合作导师——鲁桐研究员。博士后期间，我在对外直接投资研究方向的知识积累为国家社科基金项目的培育和"孵化"奠定了坚实的基础。

　　感谢我的同事，也是该课题的核心成员丁晓松教授在参数模拟和敏感度分析方面给予的忘我工作和无私帮助。我记得这些年我们经常聚在一起，为一个问题讨论一个下午、一个晚上，不论是在假期，还是忙碌的学期中。我们一起参加CTRG的学术交流，一起讨论《经济研究》的审稿意见，很多合作的经历令人难忘。

　　感谢我的学生，同样也是该课题组的核心成员伍晓光同学。他读博期间适逢我的国家社科基金课题获批，就一直和我"捆绑"在一起进行该项学术研究。在完成繁重的课业压力外，坚持和我讨论并解决模型构建中所面临的种种困难。他的研究能力和知识体系在这近似"枯燥"的研究过程中也得到很大的提升和完善，并从中体会到一种属于他自己的真正的快乐。

　　感谢我的同事余靖雯博士、邱怡博士。她们在文献讨论、数据处理、实证分析、案例分析、英文资料翻译等方面给予研究团队很大的帮助。

　　特别感谢余淼杰教授、孙楚仁教授、黄志刚博士、王孝松博士、高凌云博士、程炼研究员、刘剑雄博士、鄢莉莉博士等学者给予的学术灵感，感谢鞠建东教授对我们课题组论文所给予的指导和帮助，感谢胡慧璟老师、钱宇晶老师默默分担许多琐碎的科研管理工作。在此，向这些帮助过我的良师益友表示诚挚的谢意。

感谢我的家人，他们的支持永远是我前行的力量源泉和坚强后盾。最后，把感谢送给自己。感谢自己在这三年时光拥有强大的定力，克服各种困难包括手术、病痛，在承担着繁重的教学任务情况下，不论寒暑，依然持续地对科学研究投入满腔热情和精力，最终顺利完成这项国家社科基金课题赋予的研究工作。

孙文莉

2015 年 12 月

图书在版编目(CIP)数据

中国对外直接投资的诱发机制研究：基于汇率和贸易
摩擦的视角/孙文莉著. —北京：社会科学文献出版社，
2015.12
　ISBN 978 - 7 - 5097 - 8642 - 0

　Ⅰ.①中… Ⅱ.①孙… Ⅲ.①对外投资 - 直接投资 -
研究 - 中国 Ⅳ.①F832.6

中国版本图书馆 CIP 数据核字（2015）第 309830 号

中国对外直接投资的诱发机制研究
——基于汇率和贸易摩擦的视角

著　　者／孙文莉

出 版 人／谢寿光
项目统筹／吴　敏
责任编辑／张　超　吴　敏

出　　版／社会科学文献出版社·皮书出版分社（010）59367127
　　　　　　地址：北京市北三环中路甲29号院华龙大厦　邮编：100029
　　　　　　网址：www.ssap.com.cn
发　　行／市场营销中心（010）59367081　59367018
印　　装／三河市尚艺印装有限公司

规　　格／开本：787mm×1092mm　1/16
　　　　　　印张：17　字数：201千字
版　　次／2015年12月第1版　2015年12月第1次印刷
书　　号／ISBN 978 - 7 - 5097 - 8642 - 0
定　　价／69.00元

本书如有印装质量问题，请与读者服务中心（010 - 59367028）联系